靜心冥想的練習

28天在家自修的正念課程

雪倫・薩爾茲堡 Sharon Salzberg／著
李芸玫／譯

The Power of Meditation
A 28-Day Program

Real
Happiness

目錄

Ⓜ符號代表此冥想練習的導引，收錄在附贈的線上音檔中。

名人推薦

「這本書是一扇敞開的大門，邀請大家進入深藏著幸福和智慧的內在領域。作者以溫柔的語氣，對內在景色的親密觀察和精心雕琢的導引，喚醒正念和慈愛，引領全心全意實踐練習的幸運讀者，回到他或她最深沉、最滿意、最棒，卻從未離開過的內在，爲全人類謀福祉。」

——喬・卡巴金（Jon Kabat-Zinn）

《當下，繁花盛開》作者

「作者給了我們簡單、實用、有效的方式，讓我們可以對症下藥！她幫助我們認清我們的追尋並非遠在天邊，而是近在眼前，並且等著我們用溫柔和正念的覺察來享受它自由自在的狀態！我熱烈推薦我很喜愛的這本書！」

——羅伯・瑟曼博士（Robert Thurman, PH. D.）

《內在革命》及《無限的生命》（*Infinite Life: Awakening To Bliss Within*）作者

「精彩又簡單，簡單又精彩。這本書可以帶領靜心冥想新手，讓他們持之以恆地練習；也可以讓靜心冥想老手獲得更豐富的資訊，讓他們有耳目一新的感覺。在教導讀者更認真對待自己的同時，這本書也讓作者所說心平氣和地留神變得更唾手可得。真正的快樂是個寶。」

——瑪莎・貝克（Martha Beck）

《O，歐普拉雜誌》專欄作家，《找到自己的北極星》（*Finding Your Own North Star*）作者

「作者非但汲取了三十多年靜心冥想教學的經驗，又從積極參與靜心冥想研究、不斷地與科學家對話中得到許多心得。她以淺顯易懂、引人入勝的方式，寫出了這本涵蓋所有靜心冥想基本要領的書籍。常有人問我，如果他們想要更深入了解靜心冥想，該從哪裡著手。現在我知道要怎麼回答他們了：《靜心冥想的練習》就是你第一本該讀的書。」

——李察・戴柏森教授（Dr. Richard J. Davidson）

威廉・詹姆士與維拉斯研究（William James and Vilas Research）心理學和精神病學教授

威斯康辛大學麥迪遜分校心靈健康調查中心總監

「閱讀此書，感覺好像交了一個新朋友，或是找回一個老朋友。作者把靜心冥想寫活了，透過她的慈悲向我們開示，我們如何也能像這樣地清醒過來。這是大師的傑作，深入、溫暖而迷

人，我想要送給身邊每個人一本。」

——馬克・愛普斯坦（Mark Epstein）

《沒有思考者的思考》（*Thoughts without a Thinker*）、《碎而不散》（*Going to Pieces without Falling Apart*）作者

「作者用聰敏機智論及自己的私領域，以現代化和熱情友善的語氣寫了這本很棒的書。對靜心冥想新手來說，它非常易懂也很能鼓舞人心；對靜心冥想老手來說，這更是一本不可多得、深富啓發性的好書。」

——希薇雅・布爾斯坦（Sylvia Boorstein）

《快樂是內心的工作：過個快樂生活》（*Happiness Is an Inside Job*）作者

「極爲清晰易懂，深入淺出，充滿了溫情和智慧。這是轉變你人生最重要的一本書！」

——傑克・康菲爾德（Jack Kornfield）

《踏上心靈幽徑》作者

「本書是一個不可多得的靜心冥想寶藏盒，淺顯易懂，字字珠璣，融會了作者畢生誨人無數的經驗。她不僅筆觸幽默、慈愛和充滿了才情，所傳授的冥想方法也非常實用和平易近人。這

是一本精彩的著作，讀者可以從中得知為什麼要靜心冥想，以及該如何做到。」

——瓊．哈利法克斯禪師（Roshi Joan Halifax）

烏帕亞禪修中心（Upaya Zen Center）住持及創辦人

「此書由淺入深，馭繁於簡，是給所有想要探測和理解靜心冥想練習的人的入門書。作者以無比的大愛，清楚地為讀者寫出一週一週循序漸進、在日常生活中找到正念和慈悲的方式，這兩者都是在一個需要從裡到外徹底受到療癒的繁忙世界中，最重要的導航器。」

——賈桂琳．諾佛葛拉茲（Jacqueline Novogratz）

聰明人基金（Acumen Fund）創辦人兼執行長、《藍毛衣》作者、TED Conference 講者

「簡言之，這是一本極其優秀的老師所推出的一本可敬之書。學生們常常要我推薦既可以讓他們入門、又可以讓他們持續練習的書，那時我才驚訝地發現，市面上竟找不到多少本真正包含『基本要素』練習的手冊。這本書完整包含了為什麼要練習靜心冥想、如何練習，以及練習時常見的問題，是真正能幫助人們進入靜心冥想力量的絕佳之作。」

——伊森．尼克特（Ethan Nichtern）

《一座城市：緣起宣言》（*One City: A Declaration of Interdependence*）作者

「雪倫・薩爾茲堡在基礎的內觀冥想裡，融入了令人驚豔的優雅、幽默和名人佳句。在這本友善、周詳和極爲認眞的著作中，作者將靜心冥想爲她個人的痛苦生涯帶來的禮物，分享給閱讀這二十八天初學課程的讀者。因爲每個人都是從懵懂的初學者開始，作者爲此描繪出了一條寬廣的道路，適用於受傷的退伍軍人、注意力不足的學童，一直到屢屢分心（和易怒）的家庭主夫或主婦，以及公司執行長。她寫道，不論何時，靜心冥想都爲每個人揭開了『心中善良的一面。』」

——依莉莎・葛瑞茲瓦德（Eliza Griswold）

《十道平行線》（*The Tenth Parallel*）作者

「我等這本書已經很久了！老是有人問我會推薦哪本書引導他們進入靜心冥想之門。儘管市面上有很多有關靜心冥想主題的書，卻沒有一本可以像此書一樣，聰明而又具有個人風格地將靜心冥想的目的、技巧、靈感共治於一爐。我會建議並且贈送這本珍貴之書，給每一位想要透過練習靜心冥想得到穩定、優雅、寧靜和快樂生活的人。」

——伊莉莎白・萊瑟（Elizabeth Lesser）

歐米茄學院（Omega Institute）共同創辦人，《破碎重生：困境如何幫助我們成長》作者

「作者用輕鬆但堅定的口吻，爲我們介紹了靜心冥想的經驗。對那些曾經上過她課的人（我也是其中之一），本書字字珠璣，精彩度比她上課時所教過的東西有過之而無不及。」

——拉姆・達斯（Ram Dass）

《擦亮心靈之鏡》作者

「我常常建議我那些壓力大的病患練習靜心冥想，但是他們往往不知道怎麼開始。此書是完美的靜心冥想處方，裡面包含了所有的新手需知。」

——法蘭克・李普曼（Frank Lipman）

醫學博士，《重燃生命之火》（*Revive*）作者

「作者在這些篇章中，以短短的二十八天，爲大家擬出了達到正念、洞察力和慈愛的逐步計畫，並且也將這些練習融入你們的人生中。本書所傳達的是學習佛教禪修最簡單的法門，而教授這些法門的則是當今西方世界最著名的靜心冥想老師。」

——竹慶本樂仁波切（Dzogchen Ponlop Rinpoche）

《叛逆的佛陀：回到眞心，莫忘初衷》作者

「沒有多少本書會讓你改頭換面成爲一個更好的人。這本書就是鳳毛麟角的幾本書之一。」

——雀兒西・肯恩（Chelsea Cain）

《紐約時報》暢銷書《心囚》、《危險甜心》作者

「經由冥想覺察的力量，得到眞正的快樂和喜悅，正是我們所喜愛的佛學老師和先鋒雪倫・薩爾茲堡在這本書裡想要傳達給大家的。這本書在透過鍛鍊注意力和開發智慧，來做自主性的進化這個重要的新興範疇中，做出了令人欣喜的新貢獻。奠基於古代無垠的靜心冥想傳統，再加上現代的神經科學研究和由經驗得來的神經法規實驗，作者發展出內觀冥想、正念和她拿手的慈愛四週計畫，這個計畫不僅教導我們、也喚醒了我們，讓我們一步一步地發現自己是誰、爲什麼會在這裡，以及如何追求和實現一個更圓滿的人生與更和諧的世界。我衷心推薦這本書給想要追尋自我實現和內在寧靜、幸福與啓蒙的人。」

——舒亞・達斯喇嘛（Lama Surya Das）

《佛性的遊戲》作者

「我們見過諸多想要完整傳授佛教禪修教義和生活方式的書，但是沒有人可以像雪倫・薩爾茲堡一樣，如此精闢又清晰地傳達出覺醒的旅程。《靜心冥想的練習》一書，是致力將佛教帶

進西方的有志之士之一、也是最真摯的雪倫老師的力作。這是兩千五百年前最受愛戴的一位導師，送給大家最完整、最摩登的禮物。」

——史蒂芬・拉維（Stephen Levine）

《今生：若只剩一年可活，你要做些什麼？》作者

「雪倫・薩爾茲堡給了世界一份和平的大禮。」

——愛麗絲・華克（Alice Walker）

《紫色姊妹花》作者

獻給我的老師們，他們深深了解靜心冥想的力量，
而且一直相信我（以及每個人）一定也做得到。

【作者序】

靜心冥想的力量

誰，需要靜心冥想？

班在伊拉克打仗時，開始練習冥想*。當時還是後備軍人的他，透過電子郵件拜我爲師。他說他覺得冥想可以幫助他好好面對每日面臨的壓力和創傷，並且讓他不慌不亂。

莎拉想要當一位好繼母。她認爲學習靜心可以讓她更有耐心地聆聽，使她更容易融入新的家庭，也能更輕鬆地應付棘手的人際關係。

黛安是一家大型媒體公司的部門主管，她是我在那家公司開課時的學生。她說她希望能在均衡的狀況下兼顧工作和家庭，並且在處理剪不斷理還亂的公事時，能更心平氣和地跟同事明確的溝通。

傑瑞是九一一事件時，第一批趕赴世貿大樓救援的打火弟兄，他想要克服腦中揮之不去的災難陰影。伊蓮娜想要取得不動產經紀人的執照，她必須專心讀書，以便通過考試。羅西是長年的背痛患者，他想要好好地對付背痛。

麗莎是一家小型外燴公司的老闆，她不想再渾渾噩噩地過日子。「我好像被啓動了自動導航系統，每天都像行屍走肉。」她說，「我操心有哪些該做的事情還沒做，擔心未來的前途，卻對當下完全麻木。我不知道自己在做什麼。」

我更動了若干學生的名字和他們的身分，但他們的動機都是眞的，而我教導的靜心冥想練習，確實多多少少改善了他們的生活。

過去三十六年來，我在跟夥伴於一九七五年共同創立的、位於美國麻州巴瑞的「內觀靜心協會」（Insight Meditation Society）的閉關機構，以及全世界各大學校、公司行號、政府機構和社區中心，教導了數千名學生。我向矽谷企業家、教師、警

＊meditation 有多種中文譯名，例如：冥想、靜心、禪修、靜觀等等。為免過度侷限其意涵，本書以較為人常用的「冥想」和「靜心」交互作為此字的譯文，期能幫助讀者更快理解作者所要闡釋的意義。

官、運動員、青少年、軍中牧師、醫科學生、醫師、護士、燒燙傷病患、囚犯、家暴避難所的第一線員工、新手父母等團體，推介你們即將接觸到的靜心冥想技巧。我的學生來自世界各個角落，有著不同的生活經驗、種族背景和宗教信仰。

靜心冥想已經是一種全國性的趨勢。根據一項由「美國衛生統計中心」於二〇〇七年所做的調查（可取得的最新數據）顯示❶，在過去的十二個月中，有超過兩百萬美國人練習靜心冥想。他們告訴研究員，他們這麼做是爲了改善整體健康；爲了減輕壓力、焦慮、痛苦、沮喪或失眠；以及對抗如心臟病和癌症等慢性病所帶來的症狀和身心疲倦。

我發現，大家也因爲想要做出正確的決定、改掉壞習慣、或是從挫敗中站起來，轉而求助於靜心冥想。他們想要跟自己的家人和朋友更爲親近；想要讓自己的身心更加放鬆和自在；或是想要讓自己更有能耐。他們之所以求助於靜心冥想，是因爲人生中充滿了眞實的、潛在的或是想像中的重重危險，他們想要變得更安全、更有自信、更安定和更沉著。在這種種動機之下，埋藏著一個重要的事實：那就是每個人都想要追求快樂，而且每個人在面對痛苦和不可預期的無常時，都很容易受傷。

我一再看到靜心冥想新手的生活開始發生轉變，即便他們起初抱持著抗拒或懷疑的心態。就我個人的經驗來說，靜心冥想幫助我們得到更大的安詳與寧靜，讓我們找回感覺並且統合身心靈，增強人際關係，以及產生更大的勇氣來面對恐懼。這就是靜心冥想在我身上發生的作用。

在靜心冥想之中，看見真正的自己

我從一九七一年開始練習靜心冥想，當時我十八歲，大三，跑到印度去學習。我想要找到有用的工具來減輕我日復一日所感受到的痛苦與困惑，這些痛苦和困惑都是我飽受折磨和混亂的童年時期所留下的遺毒。我父親在我四歲時離家出走，九歲時母親去世，我不得不去投靠爺爺、奶奶。我十一歲時，爺爺過世了，那時我父親有回來了一陣子，又因爲自殺未遂被送入精神病院，從此就再也沒出現過。

在我讀大學之前，輾轉寄宿在五個不同的家庭，每一次更換寄宿家庭都造成我極大的失落感。我一而再、再而三地感到被拋棄。撫養我的人對我很照顧，但是他們卻不能對我坦白說出事情的眞相。我感覺自己的生命毫無價值可言。我把巨大的悲傷、憤怒和困惑藏在心裡，並且不斷滋養自己不值得被愛的信念。

我全心全意想要找到歸屬感，找到一個愛和安慰的源頭。十六歲時，我進入水牛城的紐約州立大學，在大二那年修亞洲哲學時，接觸到了佛學，我受到這種大無畏地承認生命中苦難的宗教吸引。因爲它，我不再覺得孤立：因爲我不是那唯一受苦的人！

佛陀（他的名字意謂著「覺醒」），一位西元前五六三年左右生於北印度的王子，後來成爲精神導師。他改變我一生的警句之一是：「你可以找遍全世界，但是卻找不到任何一個値得你愛他超過愛你自己的人。」不僅佛陀說愛自己是合理的，他也描述這是一種需要培養的能力，因爲愛自己是去愛護和關心別人的基礎。

這樣的哲學安撫了我因困惑和絕望所導致的痛苦。儘管我帶著點懷疑，但是這個有可能從恨自己一舉轉變為愛自己的機會，卻像磁鐵般吸引著我。我無意皈依新的宗教，我只是想要從極度的不開心中解脫。

所以我前往印度學習，展開一個獨立的研究計畫。當我到達那裡時，得知一位極受尊敬的老師，正在帶領初學者和其他人做靜心冥想活動。我有點失望，因為我發現，靜心冥想並不如我想像中的充滿異國風情——沒有人在閃著靈光的暗室中傳授我神祕的指示。相反的，第一位教我練習靜心冥想的導師只給了我兩句話：「找個舒服的姿勢坐下來，感覺自己的呼吸。」感覺我的呼吸？我心有不甘地想著。**我大可待在水牛城感覺我的呼吸！**但是我很快就發現，這種光是集中注意力在吸氣和吐氣上，以全新的方式跟我的新經驗產生連結的方法，將大大改變我的人生。它讓我對自己更寬容，也對別人更開放。

一旦我知道該如何深入地往內看去，便看到了每個人體內深藏的良善血脈，包括我自己在內。善良也許被隱藏起來而且難以叫人相信，但是善良從未被徹底摧毀。我開始全心全意地相信我值得擁有快樂，其他人也一樣。現在，每當我遇到陌生人時，都覺得和他更能產生連結，並且知道我們共同擁有的東西是什麼。當我在靜心冥想時遇到自己，我不再覺得自己面對的是一個陌生人。

因爲靜心冥想，我對於自己如何想像和看待我在這個世界上的地位，產生了深遠而微妙的轉變。我知道我不必侷限於兒時所認爲的「我是誰」，或是昨日、甚至一個小時以前認爲的「我能做什麼」。靜心冥想練習已經讓我從老舊的、制約性的認定自己不值得被愛的定義中解放出來。

儘管我在讀大學時，對靜心冥想懷抱著最初的幻想，然而我卻沒有榮登永恆的至樂。靜心冥想讓我快樂、心中有愛及寧靜，但卻不是時時刻刻都如此。我的心情仍然時好時壞，時晴時雨，只不過現在我比較能接受挫敗，不再那麼沮喪並介意個人的成敗，因爲靜心冥想教會了我該如何面對「世事無常」這項顚撲不破的眞理。

PART 1

静心冥想的理念

什麼是靜心？你能呼吸，就能冥想

簡單地說（雖然並沒有那麼簡單），冥想是一種重要的專注力訓練，它不僅能讓我們更深入地覺察自己內在的想法，也讓我們更能覺察到周遭此時此地所發生的事情。一旦我們認清此刻發生了什麼事情，我們就能選擇該不該或是該如何對眼見的事情採取行動。

在往後的四個星期，我們將會探索內觀靜心（insight meditation）的原理，痛痛快快地練習時時刻刻的覺察。首先，我們把注意力集中在一個揀選出來的單一物件上（多半是我們的呼吸），來訓練專注力。然後不斷地放掉讓我們分心的事情，以便讓注意力回到那個單一物件上。稍後，我們會將專注力擴大到涵蓋我們當下產生的任何思緒、感覺或是感動上。

人們經由冥想轉化心靈已經有數千年的歷史。每一個重要的世界性宗教都會包含某些型態的冥想靜心練習，不過，冥想在當今並不牽涉任何的信仰體系。以型態而言，靜心冥想所運用的方式分爲安靜和靜止，運用聲音或是讓身體不斷地運動，而所有的型態都強調專注力的訓練。

看著你的念頭，是專注的開始

「我的經驗取決於我所注意到的事情，」心理學先驅威廉・詹姆斯（William James）在二十世紀初這樣寫道，「唯有我注意到的事情會形塑我的心靈。」在最基礎的階層上，注意——也就是我們讓自己注意到的東西——事實上決定了我們如何經驗這個世界，以及如何在這個世界導航。喚起和保持持續的注意力，是我們找工作、玩雜耍、算數學、做煎餅、打撞球時瞄準母球讓8號球入袋、保護我們的孩子和執行手術時的法寶。它讓我們以愼思明辨的態度應付外界，用熱烈的反應對待親密關係，並且誠實地檢驗我們的感覺和動機。我們有多注重平凡的經驗，以及我們跟自己的人生有多密切的連結，全都取決於專注力的多寡。

生活的內容和品質，取決於覺察的程度，而這是我們往往察覺不到的事實。你也許聽過一個古老故事，通常是假托一個美洲原住民長老的口中說出，這麼做的目的是想引起更大的關注。一位老爺爺（偶爾也會說成老奶奶）傳授生命祕笈給孫兒，他說：「有兩匹狼在我內心交戰，一匹狼惡毒、可怕、忌妒心重、憤恨不平、虛假狡詐；另外一匹狼心中有愛、富慈悲心、大方、誠實、安詳。」小孫子馬上問，最後哪一匹狼會贏。老爺爺回答：「我餵養的那一匹。」

不過，好戲還在後頭。沒錯，哪個東西吸引了我們的注意力，哪個東西就會坐大，所以如果我們的注意力濫施在負面的和微不足道的事情上，這些負面和微不足道的事物就會蓋過正面和有意義的事情；但是反過來，如果我們拒絕面對或者正視困難和痛苦的事情，假裝它們並不存在，那我們的世界就麻煩大了。舉凡不會讓我們的注意力減退，或是被隱藏在我們有意識的覺察之下的東西，一定都會或多或少地影響我們的生活。反過來說，忽視痛苦和困難，也正是餵養那匹狼的另一個方式。冥想教導我們的，就是將注意力投注在所有的人類經驗和我們身心靈的每一個部分。

我想你一定知道注意力受到工作、家庭和精巧的電子產品所分散，或是心中的雜音所干擾的感覺。你不斷地回想早上跟配偶大吵一架的情景，兀自擔心未來和懊悔過去，緊張兮兮地核對今天還有哪些事情沒做。這樣的心理雜音有一部分可能來自兒時一點一滴灌錄的老錄音帶，這個老錄音帶播放了很久，我們幾乎要在有意識的覺察中把它關掉了。這種老錄音帶可能讓我們對自己觀感很差，或者產生先入爲主的偏見或推論（譬如說：好女孩不會這樣做，男人／女人沒一個值得相信，你必須追求卓越等等）。

我們甚至不再注意到我們送出的訊息，只收到了滯留下來的焦慮感。這些習慣性的反應，多半是一輩子培養出來的——是我們的父母或是文化，用明確的教導或非語言的暗示所給的早期教訓。

注意力分散具有輕微的破壞性，造成一種失焦或是心神不寧的模糊感。它可能會令人心灰意冷、筋疲力竭，因爲你被支離破碎、東拉西扯的思緒拖著團團轉，這是非常危險的狀況（想想閃神的司機會發生什麼事情，你就知道了）。我們掌握著人生的方向盤時，也可能會因爲睡著了而發生其他致命的狀況。我們不是忽視了關照人際關係，就是沒有注意到眞正很重要的事情，更沒有對它採取行動。也正因爲我們的注意力渙散，讓我們錯失了好多事情；或是因爲我們對老早就掌握的一切太有把握，因而根本不屑汲取重要的新資訊。

冥想教導我們集中注意力和清清楚楚地注意我們的經驗，並且在經驗萌生時，以不帶評斷色彩的方式觀察它們，這麼一來，我們就可以偵測到以前沒發現到的心智壞習慣。譬如說，我們有時候會用沒有經過檢驗的想法來當作行動的基礎（我不値得被愛；你就是不講理；我不能應付棘手的狀況），以致處處掣肘，什麼事也做不了。一旦我們注意到這些反射性的反應如何暗中破壞我們當下的專注力時，我們就可以好好做出更能參照多方資訊的選擇，如此一來，我們在回應他人時，就能用更有創造性的方式，給予更大的悲憫和更正確的對待。

冥想如何訓練專注力：三種關鍵技巧

各種型態的冥想，靠著培養三種關鍵技巧，就能加強和引導我們的注意力。這三種技巧就是：專注、正念、悲憫（或慈愛）。

專注

專注可以撇開分心，讓注意力變得穩定和集中。分心會浪費能量，專注則會恢復這股能量。你將會學到簡單又強大的初級冥想技巧，藉著集中注意力在你生來就知道該怎麼做的事情——也就是呼吸上，可以大大地提升專注力。

這項練習需要專注於每一次吸入和呼出的氣息。當你的心四處遊蕩時（一定會的，這是正常的），留意抓住你注意力的是哪些東西，在不苛責自己的狀況下，放掉這些想法和感受。接下來再度專心注意自己的呼吸，這麼一來，冥想就能訓練我們停留在當下，而不致於回想過去或是擔心將來。專注教導我們怎樣溫柔地對待自己和別人，讓我們原諒自己的過失，繼續前進。你會在第一週的課程中，學到更多有關專注的內容。

正念

正念可以細緻化我們的注意力，讓我們對生命中大大小小的事情，產生更全面和更直接的關聯。正念冥想會將我們的焦點從呼吸這個單一物件，轉向任何特定時刻發生在我們裡裡外外的事情。我們練習觀察思想、感覺、洞察力、氣味和聲音，在這個過程中，我們完全不帶評斷色彩，不會抓住愉悅的經驗不放，也不會推開痛苦的經驗，更不會忽視平淡無奇的經驗。

我們會越來越熟練地拋開不經思考的習慣性反應，以便更精確地衡量當下到底發生了什麼事情。而究竟什麼是不經思考的反應呢？舉例來說，假設有人說了激怒我們的話，我們感到怒不可遏，也許我們的自動反應是不假思索地發一頓脾氣。或者是我們有否定內在翻騰情緒的評斷習慣（如果我感到憤怒，就表示我是個壞人），如果未經檢驗，它就會越滾越大。或者是我們死也不肯改變每一種情緒：我是個愛生氣的人，我就永遠是個愛生氣的人；我就是死性不改！這樣的反應怎有可能產生快樂的結果。

但是，如果我們將正念運用在憤怒的經驗上，就可以用平和的接近來取代轉身逃離，我們會以探究代替阻隔。我們覺察它，而不評斷它。我們可以蒐集更多有關生氣時的情報——憤怒是被什麼因素挑起的、憤怒棲身於身體的哪一部分，以及其中是不是也包括了諸如悲傷、恐懼或懊悔等情緒。

停下來花點時間好好想想，用不帶批判色彩的眼光來認知憤怒，創造一個和平的距離，在這樣的距離中，我們對於如何應付生氣這樣的反應，可以做出不一樣的新選擇。我們可以藉此革除積習。我們也許會決定對一個惹惱我們的傢伙和和氣氣地講話，而不是怒火中燒或大發雷霆；我們也許會離開那個房間，直到自己平靜下來；或者是我們會花一點時間專注在呼吸上，以便恢復平衡和洞察力。稍後，等我們的冥想時段結束後，就可以想想有哪些狀況容易挑起我們的怒意。

正念幫助我們分辨實際發生的事情，以及我們用妨礙直接經驗的敘述來告訴自己發生了什麼事情之間的區別。通常這樣的敘述，將一個短暫的心智狀態，當成了自己的全部和永久不變的狀態。我最喜歡舉一個放諸四海皆準的例子，這個例子來自一整天都處在密集壓力下的一個學生，她在事情結束後去健身房，正在更衣室換裝時，一不小心把褲襪扯破了。她又急又氣，對著最近的一位陌生人說：「我需要一個新的人生！」

「不，沒這必要。」那個女人回答，「你只是需要一雙新的褲襪罷了。」

在進入第二週和第三週課程時，你會學到更多正念的技巧。在第二週，我們會檢視正念與身體的連結；第三週時，我們會運用正念來處理情緒。

你是否誤解了冥想的定義：重新認識冥想

許多人都對冥想存有誤解。在還沒開始之前，我想先澄清以下幾點。

●**冥想不是一種宗教**。你無須皈依成為佛教徒或是印度教徒。你可以一邊冥想，一邊信奉原來的宗教；或者如果你沒有信仰也沒關係。

班，那位在伊拉克服役時練習冥想的士兵對我說，他認為靜心冥想可以幫助他時時遵奉基督教的信仰價值。你在本書中學到的事物，可以跟任何宗教信仰和平共存，也可以跟宗教毫無瓜葛。

● **冥想不需要特別的技巧和背景**。冥想並非專屬於某些有天分或是已經很穩定的人。你不必是靜坐冠軍，也不必等到消除任何癮頭或是戒掉咖啡因之後再開始靜心。你現在就可以開始。如果你能呼吸，就能冥想。

● **冥想不會花掉你每天太多的時間**。我們剛開始會以一節二十分鐘做起。如果高興的話，可以先從一節五分鐘開始，然後再慢慢增加時間。（你會在67頁「選一個固定的時段」和每一週的「練習重點」欄中，找到有關冥想的數字和時機的詳細討論。）

也許你會想要加長每一節練習的時間，因為你會愛上冥想所產生的安定感和喜樂感。但這是不必要的。每天定時練習，會比想要擠出更多時間來做冥想來得重要。

● **冥想不會消除你人生中的悲傷或困境**。你還是會經歷高低起伏、有快樂有悲傷的人生。但是你會更挺得住迎面打來的一拳，而且不覺得自己輸得有多慘，因為冥想教了我們一種對抗困境的新方式。

● **冥想不是試著停止思考或是堅持只做正面思考**。對人類來說，這是不太可能的事情。冥想只不過是一種認清我們的想法，予以觀察和了解，然後更有技巧地將它們說出來的方式。（我喜歡佛教徒描述人的行為時，捨棄「好」與「壞」的形容詞，而用「善」與「不善」來取代。不善的行為會導致痛苦和折磨，善的行為則會帶來洞見和平衡。）

● **你不必譴責自己的意見、目標或熱情；你無須拋開樂趣**。「如果我開始冥想，」有次一個女人問我，「我是不是就得放棄慾念？」「不需要，」我告訴她，「你只不過是該換種態度對待慾念，也就是關注它、探究它，和知道它背後的意義。」把冥想拉進我們的生活，並不表示必須從俗世的人際關係、責任、事業、政治、嗜好和歡慶中撤出。事實上，冥想讓我們可以更自由地專注在讓我們感興趣的事情上，而且多半是用更健康的態度。

●**冥想並不只是看著自己的肚臍眼**。冥想不是放縱，也不是自我中心。沒錯，你會更了解自己，但是了解自己也會幫助你更加了解出現在你生命中的人，並且跟他們維持更好的關係。轉過頭來了解自己，是開始了解他人的第一步。

慈愛

慈愛是帶著悲憫心的覺察，它開放我們的注意力，並且讓注意力變得更爲寬容。它改變我們對待自己、我們的家人和朋友的方式。花時間刻意留心和理解我們的念頭、感覺和行爲（正面的和負面的均可），可以打開我們的心胸，讓我們眞心愛上原來那個不完美的自己。

而這就是通往愛別人的大門。如果我們知道如何關愛和欣賞自己，我們就會更有能力看清別人和欣賞別人，而不會介意他們多麼複雜和多有心機。與其被激怒，我們也許反而會想要祝福他們。我們會放掉過去受到的傷痛，加強跟一個親戚的關係，不管是向我們以前所漠視的人示好，或者找到一種更好的方式來對待一個難相處的人，都有可能。在第四週的課程中，你會學到更特殊的技巧來增加你對自己和他人的悲憫和同情。

讓冥想翻轉你的人生

在這場即將展開的二十八天練習計畫中，你將會有系統的磨練這些技巧。每一週的教學會區分爲幾個部分：(1)課前準備：我們從中可以知道該期待什麼；(2)冥想和靜心本身；(3)常見問題Q＆A（包括我不斷從學生那裡聽到的實際問題）；(4)對該週較深入練習的課後省思；以及(5)可以內化的東西，也就是能夠將練習融入每日生活中的建議。

冥想是人們最需要的禮物。我在美國各地旅行，見到的人最常對我說的，就是他們在越來越複雜的世界中，覺得自己快要被各種要求和讓人分神的東西撕得粉碎，並且對隱隱約約的恐懼感到焦慮。靜心冥想可以帶給我們一種發自內心的安全感，而這股安全感就是來自深深的自信和穩定。

有人告訴我，他們感到很悲哀，因爲公眾生活中充滿醜陋和不文明的對立，而他們私底下也過著孤獨和寂寞的生活。他們極度渴望跟人合作、產生連結和擁有屬於自己的社群。而教人慈愛、悲憫和耐心的冥想，就是一個可以幫助你改善跟家人、朋友以及所有遇到的人的關係，最顯而易見的方法。

人們告訴我，他們很沮喪，因爲他們發現成就並沒有讓他們的心情更爲平靜，而他們擁有的資產也只能帶給他們暫時的滿足。榮耀和小巧的電子產品可以讓人虛榮一下，但是眞正帶來快樂的應用程式，則是既能讓人內在安詳，又能讓我們禁得起悲傷和失落的靜心冥想練習。

爲什麼要靜心？靜心的好處和科學根據

靜心可以帶給你什麼益處和改變

如果你想要馬上展開靜心冥想計畫，你可以翻到第一週（見61頁）。或者你可以再等一下，再多知道一些冥想對日常生活的好處，以及科學家在實驗室中發現的靜心力量。簡言之，就是靜心對你的健康而言，也許就跟運動一樣重要。

靜心相當於心理和情感方面的健身訓練，非常實用，意思是：如果你定期運動，就會產生特定的結果，你會有強壯的肌肉、密度更高的骨質和旺盛的鬥志。如果你定期靜心冥想，也會有特定的結果。我已經提過一些了，其中包括更平靜、更專注，以及更能跟別人建立連結。但是還有另外一些好處，我會在後面的章節，花更多篇幅來討論這些優點，並且解釋如何從訓練專注力的初學者，一步跨到更高的人生境界。

你可以認出阻礙你快樂的原因

從現在開始，你要認出有哪些未經檢驗的設想是阻礙你快樂的原因。我們認爲自己是什麼樣的人以及世界是如何運作的，我們值得擁有什麼、我們可以掌握什麼、我們可以在哪裡找到快樂、是否可能產生正面的改變等等，全都大大地影響了我們專注的方式，以及我們會專注在哪些事情上。

我憶及預設想法造成妨礙的一個實例。有一次我去華府國家畫像藝廊觀賞一位藝術家朋友雕塑的作品，我熱切地到每一個展示間看了每一座展示櫃，結果都看不到雕塑作品，最後我放棄了。當我走向出口時，往上一看，恰巧看到了朋友美麗的作品。那是一個掛在牆上的淺浮雕，而不是我以爲的立式雕塑。我的預設想法蒙蔽了我，差點害我錯過就放在那裡的令人驚豔的作品。

同樣地，我們的預設立場也讓我們無法正確判斷眼前的狀況——眼前的一名陌生人可能會成爲你的朋友，眼前一名似乎是死對頭的人也可能是你助力的來源。預設立場會阻礙直接的經驗，讓我們蒐集不到可以安撫我們的資訊，或者是儘管我們蒐集到讓我們難過的資訊，但是這些資訊卻可以讓我們做出更好的決定。

以下是一些你或許很熟悉的預設立場：我們兩人沒什麼共通點。我沒辦法這樣做。你沒辦法跟那種人講道理。明天會跟今天沒什麼兩樣。如果我再努力一點，就可以控制他／她／它／他們。只有處在天大的危機下，我才會感到自己活著。反正我搞砸了，不如乾脆放棄。我知道她會說些什麼，所以我應該把她的話當耳邊風。快樂是屬於別人的，跟我無關。

以上的陳述都來自恐懼、渴望、無聊或者無知。預設立場讓我們看不清過去和現在，它不僅限制了我們的可能性，也推開了我們的歡樂。除非我們察覺和檢驗自己的預設立場，否則我們客觀地觀察事情的能力會故障；我們以為自己無所不知。

你不會再畫地自限

當我們靜心時，多半會認出一種受到制約的特殊反應，而我們之前並未意會到這些限制全都是自找的。我們察覺到它，正因為我們制約自己滿足於比較差的結果，以致我們嚴重破壞了自己的成長和成功。冥想會讓我們看出這些限制並不是與生俱來的，也非永遠不變的；它們是後天學來的，同時也是無知的，不過一定要我們認出它之後，才有能力將它抹去。（一般自我設限的念頭是：她聰明，你漂亮。像我們這樣的人，連門兒都沒有。這附近的小孩沒有一個能讀到博士。）

靠著靜心冥想來訓練專注力，會讓我們看得更清楚。接下來，我們就可以用雪亮的雙眼再看看這些制約性的反應，如果有的屬實，我們就能看得更明白，然後好好地利用它們；如果有的在檢驗下無法過關，我們就可以把它們拋開了。

你會更能承擔困境

靜心教導我們用安全的方式把自己開放給所有的經驗範疇，不管是痛苦的、愉悅的或是苦樂參半的經驗都好，如此一來，我們就可以學會如何好好面對得意時的自己或沮喪時的自己。在上靜心課程時，我們練習在開放和接納的狀態下，面對苦澀的情緒和念頭，甚至可怕和強烈的念頭。我們不去苛責已經受到傷害的部分。靜心特別能在不穩定或是痛苦的狀態下，擴展我們的觀點和看法，讓我們更有勇氣向前邁進。

以下就是讓你一點一滴變得勇敢的方式。我們踏出小小的、有把握的一步，跟那個一度嚇到我們的感覺做朋友。接下來，我們可以對自己說：我坐下來，試著不帶評斷色彩地面對一些最令我絕望和最讓我興高采烈的大膽想法。這樣做需要力量，而我該從哪裡得到這股力量呢？靜心就可以讓我們清楚地看見，我們可以做到自己以爲做不到的事情。

你會重新發現什麼才是真正重要的事情

一旦看穿爲什麼會分心和爲什麼會有被制約的反應，你會更明白自己最深層、最持久的夢想、目標和價值。

你可以隨時得到能量

你會有一個可以帶著走的緊急行動電源。靜心是最好的移動裝置，你可以在任何地方、任何時間用它。譬如在工作上跟人熱烈地爭執時，或者是載著一群喧鬧的小孩去看足球賽時，在那些時候，你無法靠著在街角踱步平息怒氣，也無法衝去健身房做運動消氣，更無法抽身去泡個澡，但是這些時候，你永遠可以注意你的呼吸。在第一週的課程裡，你可以學到如何隨時隨地進行靜心。

你會更接近自己的內在

練習靜心可以培養諸如慈愛、信任和智慧等這些你也許認爲自己身上沒有的特質，然而它們只不過是還未發展出來，或者是被壓力和焦躁掩蓋了。你以後會有機會更輕易和更頻繁地接觸到這些特質。

你會重新掌握你浪費在試圖操控無法掌控之事上的能量

我曾經在不斷來襲的暴風雨中，帶領過一場加州的閉關活動。它讓人溼答答的很不舒服，來參加靜心的人勢必無法得到很好的靜修，我想。我對參與者深感抱歉；事實上，我認爲我該負起責任。頭幾天，我一直想要跟每個人爲雨老下個不停這件事致歉，直到我心中閃過一個念頭：等等，我不是加州人，我是麻州人。壞天氣並不是我帶來的，是這裡的氣候使然。也許他們才該向我道歉才對！之後，我耳邊又傳來更深奧的智慧之語：天氣就是天氣，不應該歸咎於任何人。

我們都有遇到壞天氣的時候，在那些時刻，我們總認爲自己應該讓大家好過一點。我們認爲那是自己份內的工作，我們必須把溫度和濕度，或是周遭每個人都調整好（要是我們能叫夥伴們戒菸、自己查地圖，並停止節食就好了！）。我們甚至以爲可以控制自己的情緒，好比說：我不該覺得忌妒，或嫌惡，或不屑！這真是糟糕！我不能再這樣下去了。也許你還會說：「我再也不要感冒了！」

而儘管我們可以影響自己身體和情緒上的經驗，但終究無法替它們做決定。我們無法命令自己該生起什麼樣的情緒，但是我們能夠藉由冥想改變我們對它們的反應，藉此，我們就可以免於重蹈覆轍之苦。認清有些事情無法任由我們控制（心中浮現的感覺、其他人或是天氣），可以讓我們在工作場合裡和家中，跟人維持更健康的距離，因爲我們再也不必老是想著要改造每個人。我們從此也不會再苛責自己的情緒化。冥想釋放了我們想要操控無法掌握之事的能量。

你會知道該如何看待改變

接納改變是無可避免的，並且也要相信改變並非不可能。大多數人對改變都抱持一種混淆和多少有點自相矛盾的態度。有些人認爲改變根本是不可能的，我們相信自己會永遠停留在照老方法做事的狀態中。有些人則是一方面希望改變，另一方面又害怕改變。我們想要相信改變不是不可能的，因爲那意謂著我們的人生會變得更好；但是另一方面，我們也不是那麼地渴望改變，因爲我們想要永遠掌握愉悅的和正面的事物。我們希望困難自動消失，舒適永遠伴隨身邊。

避免改變會讓人筋疲力盡，還會造成很大的壓力。每件事情都無法持久：快樂，悲傷，一頓美食，一個強大的帝國，我們所逃避的事情，圍繞在我們身邊的人，以及我們自己。靜心讓我們了解到這個事實，而這可能是人類存在最根本的事實，也是人類最膽怯或最沒放在心上的事情。尤其是當最劇烈的改變，也就是大限來臨的時候，不管我們喜不喜歡，我們終將老去和死亡。（古印度史詩《摩訶婆羅多》（*Mahabharata*）裡，一位聰明的國王被問到，宇宙間最不可思議的事情是什麼。「整個宇宙中最不可思議的事情，」國王說，「就是圍繞在我們身旁的人都會死，但是我們卻不相信自己也會死。」）❷靜心是能幫助我們接納世事無常這個深奧事實的工具。

你很快就會發現，靜心提供一個讓我們在小宇宙下觀看改變的機會。我們一邊注意呼吸，一邊觀察我們的念頭如何消長，藉此明白，我們經驗中的所有元素隨時都在變動。

在靜心冥想的課程中，你會發現，經歷起起落落，接觸沒來由的新生喜悅和被喚醒的新衝突，是很正常的。偶爾你會啓動一股猶如泉湧的平靜，其他時候你也許會感覺一波波的睡意、無聊、焦慮、憤怒或悲傷。也許你腦中斷斷續續迴盪著老歌，也許是被埋藏的記憶一一浮現。你一下感覺很棒，一下感覺很糟。每日的靜心冥想會提醒我們，如果我們就近仔細觀察痛苦的情緒或是困難的狀況，它就一定有轉圜的餘地；它並不像我們以為的那麼牢不可破和棘手。我們在早晨時感受到的恐懼，可能到了下午就消失無蹤。絕望也許會被一閃而現的樂觀所取代。即使我們面臨極大的挑戰，它也時時刻刻在變化、在更動，它是活的。靜心時的狀態告訴我們，我們並沒有被困住，我們還有其他的選擇。所以即使我們很害怕，我們還是可以找到一條可行的路，不斷地去嘗試。

與其認為一切都會按部就班、都會沒事，是沒來由的樂天想法；我們寧可將之視為一種被喚醒的通透，它給予我們勇氣踏入未知，並且賜給我們智慧，讓我們記住：只要活著，凡事都有可能。我們不能控制在體內滋生的念頭和情緒，也無法控制凡事都會改變的這項宇宙眞理，但是我們能學到退後一步，平靜地覺察發生了什麼事。這樣的覺察會是我們的避難所。

科學家也證明了，改變可能發生在細胞層面。

且看靜心如何改變大腦運作

我讀高中時，學到的鐵錚錚事實是，腦子的大小和迴路，在成年以前就已經固定了。但是過去十五年來，神經科學家和心理學家一再證明了成人腦部的神經具有可塑性，也就是可以形成新的細胞和神經路徑。在我們的一生中，爲了對應環境、經驗和訓練，我們的腦袋會更換線路和形狀。靜心就是這種「換腦袋」的經驗之一。許多新近的研究證實，靜心可以大大改變腦部生理結構，對身體健康、情緒和行爲都大有幫助。

由於腦部監測和顯影上的進步，諸如核磁共振造影（MRI），可以讓我們看見靜心時的腦部波動。全球的研究員傳遞出的驚人消息是：靜心練習似乎可以指點腦細胞相互連結成強化重要腦部結構的模式，這種模式對諸如做決定、記憶，以及情緒上的收放自如等任務很有幫助。靜心同樣也可以改善腦部不同部位的相互溝通，從而更進一步促進身體和情緒健康。

二〇〇五年，一項由哈佛大學和麻州綜合醫院的神經科學家莎拉．拉薩（Sara

Lazar）所領導的先期研究顯示❸，從事內觀靜心的人，其腦左前額葉皮質比一般人來得厚，而左前額葉皮質是腦部中一個對認知、情緒處理和幸福來說非常重要的部位。她所研究的對象並不是在洞穴中冥想多年的西藏僧人，而是波士頓地區的一般專業人士，他們大多數一天靜心四十分鐘左右。對較年長參與者的腦部所做的掃描顯示出，靜心冥想也許可以對抗老化帶來的腦左前額葉皮質變薄所伴隨的記憶力喪失和認知障礙。

其他腦部掃描的研究也拓展了拉薩的工作內容，這些研究在在顯示，靜心強化了腦部有關記憶、學習和讓情緒收放自如的區域。譬如二〇〇九年，美國加州大學洛杉磯分校神經顯影實驗室的神經科學家愛琳．魯德斯（Eileen Luders）報告❹，當她和團隊以實行內觀靜心的老手，以及在監控下未實行靜心者的腦部作比較時發現，靜心者的腦部灰色物質，也就是負責高階資訊處理的腦部組織，比未實行靜心的人多，特別是在跟注意力、身體覺察及控制情緒反應的能力有關的區塊。「我們知道持續做靜心冥想的人，具有一種培養正面思考的非凡能力，他們可以保持情緒

穩定，並且以正念的行爲爲依歸。」魯德斯說，「大腦剖面明顯的差別，或許可以闡釋靜心者爲什麼會有這種超凡的能力。」❺

接下來，拉薩和她的團隊在二〇一〇年發表的一項研究❻，也顯示了相同的結果。他們掃瞄了接受八週正念減壓訓練（Mindfulness-Based Stress Reduction，MBSR，正念減壓訓練結合了靜心和瑜伽，是一種通俗的、可協助健康出狀況的病患消除壓力的方式）志願者的腦部，發現這些靜心新手在兩種重要的腦部區域有明顯的改變，這兩個改變的區域分別是掌管記憶和學習的海馬迴變大，以及引發身體壓力反應的杏仁核變小。

杏仁核變小，與降低壓力強度有關。根據該團體的報告，學習靜心越久，越能藉著靜心舒緩壓力，杏仁核也就變得越小。一個在監控下沒有實行正念減壓訓練的團體，八週後同樣接受腦波掃描，則並未顯示出這樣的腦部改變。

越來越多諸如此類的研究發現，有大量的證據顯示，好幾個世紀以來，靜心者已經從經驗中得知這樣的狀況。靜心冥想不僅可以強化腦中跟專注和解決問題有關的迴路，還可以增加幸福感。換言之，科學已經證實，靜心冥想會讓人活得更快樂。

「我們終於知道腦部是會隨著經驗和訓練而改變反應的內建器官，」研究神經可塑性的專家理查・戴維森（Richard Davidson）博士說：「它是一台學習機。」❼

戴維森是威斯康辛大學的心理和精神病學教授，也是該校「心智健康調查中心」（Center for Investigating Healthy Minds, CIHM）的創建總監，這個中心於二〇一〇年創立，目標是進一步推動冥想神經科學（contemplative neuroscience）的研究領域。所謂的冥想神經科學，就是研究實行靜心會如何影響腦部功能和結構，以及這些改變如何影響生理和情緒健康。

戴維森表示，最令人振奮的一點是，新的研究指出，靜心可以重塑腦部，強化心理學家所說的對快樂而言非常重要的成份，也就是能收放自如的柔軟度、鎮定、平靜和以慈悲心看待別人。「各界並沒有正視這個革命性觀念的重要性，」戴維森說，「情緒，特別是快樂，應該跟運動技能等量齊觀。」它們是可以「訓練的」。

我們在第四週時會討論到戴維森所做的一項實驗，發現慈愛靜心的確會改變大腦運作的方式，讓我們更有同理心（請見249頁）。「所有的研究都顯示，」哈佛的莎拉．拉薩說，「就跟運動一樣，你練習靜心的次數越多，所得到的益處就越大。也就是說，做得越多，得到越多。」❽

科學證實，靜心冥想能正向影響身體和情緒健康

科學家也檢視了以靜心冥想來改善專注力的方式。一項由艾默理大學所做的功能性的核磁共振顯像研究顯示❾，如果在從事電腦工作時不斷受到外來刺激，熟練的靜心者比受到監控的非靜心團體，更能有效率地甩開無謂的念頭，專注在眼前的工作。研究人員推測，靠著靜心來集中注意力這樣簡單的動作，或許可以幫助意志消沉、焦慮、創傷後壓力症候群或是其他陷入過度耽溺狀況的病患。

二〇〇七年，賓州大學研究員以「正念減壓訓練」，訓練一群沒做過靜心冥想的成員，然後跟一群對冥想經驗豐富、並且剛剛做過一整個月靜心閉關活動的成員，以及一群完全沒有靜心冥想經驗的對照組作比較。❿

經過八週的訓練之後，靜心新手在辨識方向或是貫注個人注意力在一個特定的事情上，以及持續維持注意力方面的分數都提高了。經驗豐富的靜心老手則更擅於在眾多外來的干擾中，精準地選擇該全神貫注在哪一點上；他們的衝突監控技巧比另外兩組高明得多，而且爲了保持專注，他們也更能過濾令人分神的雜音。這些發現暗示，靜心也許可以治療注意力不足過動症（ADHD）病患，並且改善認知功能，以及其他跟注意力有關會隨著年齡增長而遞減的功能。

靠著靜心冥想來訓練專注，可以改善我們處理迅速大量湧入的資訊的能力。當有人很快地在我們眼前閃現兩種不同的圖像資訊時，我們通常很難注意到第二個刺激，因爲腦部的專注來源有限，它還忙著處理第一個資訊，這種現象稱爲「注意力暫失」（attentional blink）。但是我們有時候或多或少也可察覺第二個刺激，這就表示注意力暫失是可以受到訓練的。

緣於對改善認知功能的好奇心，威斯康辛大學的神經科學家海琳．史萊格特（Heleen Slagter）⓫找來一群人參加三個月的靜心閉關活動，然後評估他們之前和之後的注意力暫失頻率。他們發現在閉關結束後，受到訓練的靜心冥想新手，可以大量地減少注意力暫失。這項研究提供了強而有力的證據，證明注意力可以受到訓練和改善。

也許這就是靜心對運動員來說幫助極大的原因之一。著名的籃球教練菲爾·傑克森（Phil Jackson）本人就是靜心者，他曾安排他的球員，先是芝加哥公牛隊的球員，其後是加州湖人隊的球員，學習靜心，以便改善他們的專注力和團隊精神。傑克森發現，正念可以幫助團員注意到場上分分秒秒發生的狀態。這種嚴格的專注力訓練，在進入錦標賽時發生了最大效用——傑克森成爲NBA史上帶出最多冠軍隊伍的教練。

靜心不僅可改善我們的認知能力，似乎還會提升我們的免疫系統。譬如在一項研究中⓬，戴維森和同事，跟麻州大學醫學中心減壓診所的創辦人兼正念減壓訓練的開發者喬·卡巴金博士合作，這些科學家掃描接受八週正念減壓訓練的受測者，其訓練之前和之後的腦部，然後跟未實行靜心的團體對照。在訓練結束後，受測者接受流行性感冒疫苗注射，測試他們抗體啓動的效果。實行靜心者的腦部不但顯示出有關降低焦慮、減少負面情緒的區域活動升高，並產生出更多的正面情緒；此外，注射疫苗後，他們的免疫系統也比沒實行靜心者的免疫系統，製造出更多的抗體。換言之，靜心跟正面情緒和更強健的免疫系統之間，可能有強烈的關聯。

因爲這些研究，有些醫生開始推薦病患練習靜心，以對抗長期的病痛、失眠，以及免疫系統不足的症狀。美國至少十二個州的公私立學校也對學生提供正念訓練。[13]加州大學洛杉磯分校的一項先期研究顯示，正念冥想可以幫助成年人和青少年的注意力不足過動症患者。[14]而《紐約時報》的一篇報導也指出[15]，心理學家開始把正念冥想當作治療的一部分，尤其是對那些焦慮、意志消沉或是強迫症患者的治療。治療師發現，靜心冥想可以用言語所不能及的方式，改變人們對日常經驗的反應。

「這是一大轉變，我們不再用我們的思考內容來定義自己的精神健康狀態，」內華達大學的心理學家史蒂芬．海斯（Steven Hays）說，「反而是以我們跟思考內容的關係來定義自己，並且藉由靜坐和觀察來改變兩者之間的關係，讓我們從對自己舊有的定義中掙脫。」

美國政府也是以靜心作爲合法科學研究範圍的所有機構中的一員。過去十年當中，美國國家衛生研究院輔助及另類醫療中心（NCCAM），從二〇〇〇年到二〇一〇年資助靜心冥想研究的數目，從七項增加到了四十七項。[16]目前它的計畫包括：靜心冥想如何減緩老年癡呆病患的看護者的壓力、如何減輕長年的背痛，以及如何舒緩風濕病症狀和降低血壓。

二〇〇八年，美國國防部啓動了大規模的臨床研究[17]，調查運用包括靜心冥想在內的另類療法，來治療從伊拉克和阿富汗戰場上撤退回來、患有創傷後壓力症候群的百分之十七左右的美軍，以及超過三千三百名受過腦部永久性創傷的病患，看看會有什麼樣的結果。

對於許多人來說，科學是他們了解世界的方式，如果缺乏科學的驗證，他們可能會忽視很多事實。可喜的是，這些研究結果除了顯示出靜心可以幫助個人改善自身之外，也讓更多新加入的人們能夠更安心地面對靜心所產生的許多好處。

這些益處並不只是靠著閱讀和欣羨靜心冥想的效果，而在於眞正去實行它。

請勇敢擁抱生命中的改變

一九八八年，巴布．狄倫（Bob Dylan）被引進「搖滾名人堂」時，布魯斯．史普林斯汀（Bruce Springsteen，有「工人皇帝」之稱，美國老牌搖滾歌手）說，那是他第一次聽到狄倫的音樂。他說那時他年方十五，媽媽開車載著他，他漫不經心地聽著收音機，突然間聽到〈Like a Rolling Stone〉這首歌。史普林斯汀回憶道，那就好像是「有個穿著靴子的傢伙，一腳踢開通往你心中的大門」。他媽媽在一旁譏評道：「那個傢伙根本不會唱歌。」史普林斯汀太太的反應提醒了我們，對於同樣的經驗，每個人的回應都不一樣；而她兒子的反應則提醒了我們，生命中隨時會出現觀點劇烈改變的一刻。在那一刻，我們的預設想法受到嚴重的挑戰；在那一刻，我們看到新的可能性；或是在那一刻，我們首度感覺到或許可以掙脫讓我們不自由、剝奪我們的創造力、或是讓我們對新的冒險事業裹足不前的東西。

在這些時刻，我們感覺到明天不必過得跟今天一樣，我們終於可以從一蹶不振中奮起，再也不必被焦慮困住。那被延遲的歡樂和我們想要得到的愛，比我們想像的離我們更近。

一時的靈光乍現可以踢開那扇門：譬如當我們聽見一段音樂、看到一幅藝術品、讀到一首對味的詩的時候；或者是當我們遇到一位對人生有深刻理解的人物，一個擁有我們所欣羨的特質的人物。生命的可能性遠遠大過我們的想像。

有時候把那扇門踢開的是痛苦：譬如我們失去了工作或是痛失一個朋友，感覺受到背叛或是受到很大的誤解。我們在苦痛中豁然開朗，得到很深的體悟，或是產生了一種是福不是禍的感覺。

如果你正在閱讀這些字句，這也可能表示有人正在幫你踢開大門，而你也準備好要擁抱改變了。不過，改變不能僅從遠處欣賞，也不能把它當作抽象的概念。我們需要用身體力行的方式替自己創造改變，並且把它當作日常生活的一部分。未來四週學習靜心冥想，就會學到這些事情。通往各種可能性，以及可以觸及眞正快樂的大門已經開啓了！歡迎，歡迎。別那麼客氣，請進來坐坐。

PART 2

二十八天
正念靜心冥想課程實踐

第一週

全神貫注：
練習專注呼吸和重頭開始的藝術

專注的重要

想像你回收手邊所有的能量，但這些能量不能被分散和浪費在沒完沒了的後悔過去、擔心未來，苛責自己、怪罪別人，頻頻查看臉書，或是上了癮的嘴饞、工作狂、購物狂或嗑藥狂。

專注是指穩定而專一的聚集注意力，放掉讓我們分心的事情。當我們的注意力以這種方式穩定下來之後，能量才會回到我們的生活中，我們也才會感到自己的生活重上軌道。本週，你將學習藉由專注在呼吸上來加強注意力的技巧。

有些時候，分心來自內在，我們會不斷地重播老掉牙的錯誤和懊悔（為什麼我沒有聽爸爸的話？或是，如果我當初嫁給傑佛瑞就好了）；或是我們執著於過往的不公平（她怎麼可以指控我不忠？我可是全心全意愛著她啊！）。我們專注於無法改變的事實；或者是將自己的能量虛擲在一個庸人自擾、根本不可能發生的未來上面（如果我告訴委員會我的想法，他們會不會把我換掉？或者他們會不會用了我的主意之後，卻不給我掛名？我不幹了！），然後又花很大的精神煩惱這件事，彷彿我們想像出來的煩惱已經應驗了似地。「我曾想像生活中會發生一些很恐怖的事情，有些事情後來眞的發生了。」馬克．吐溫曾經說道。或是我們一再地找藉口拖延，以致對眼前有可能成爲事實的瞬間視而不見——我們對自己說：我會快樂起來，等我畢業那天；或者，等我瘦了五公斤，等我有了車／升遷了／拿到提案，等孩子搬出去。

而許多分心是來自外在的，譬如我們很熟悉的家庭和工作之間的拉扯，媒體二十四小時的轟炸，嘈雜的消費者文化。我們常常試著用購物來降低痛苦，認爲擁有某些東西就像是有了對抗改變、失落和死亡的護身符。「獲取和消費，我們平白浪費了我們的力氣。」詩人威廉．華茲華斯（William Wordsworth）如是寫道。

不過，不僅僅是獲取和消費，讓現代人分心的還包括了傳簡訊、網路漫遊、上推特、傳 Skype、數位錄影等等。一位同事最近帶領了一個認爲自己注意力過度渙散的人所組成的減壓班，這些人無法安定下來，更無法靜靜地什麼事都不做。有名男子抱怨自己忙得喘不過氣來，覺得自己跟家人很疏離，而且常常感到極度焦慮。

當我的朋友問他多半是怎麼度過一天時，這名男子描述他一天平均要閱讀四份報紙、至少收看三台電視新聞。

作家艾倫·狄波頓（Alain de Botton）說[18]，重新學習如何專心，是我們這個世代最大的挑戰。「過去十年，我們一心一意專注在某件事情上面的能力，受到了莫大的挑戰。」他在二〇一〇年的〈論分心〉（On Distraction）這篇文章中寫道，「靜靜地坐著思考，忍住急著想要碰觸一種機器的焦慮，幾乎已經成了遙不可及的事情。」

前蘋果和微軟的主管琳達·史東（Linda Stone）[19]，用她新造的詞「連續性局部注意力」（Continuous Partial Attention），來形容很普遍也很熟悉的累人狀況。她說，單純的一心多用（multitasking）——好像很冬烘的用語——是出於想要做更多的事情，好擠出更多的時間給朋友、家庭或樂趣。「但是連續性局部注意力則出於不想漏掉任何事情，」她寫道，「我們邊打電話邊開車；一邊在晚餐桌上跟人交談，一邊在桌下傳簡訊……連續性局部注意力涉及一種虛假的持續危機感，這世界需要我們一週七天、每天二十四小時都在線上。它會造成一種壓力，一種被征服的、被過度刺激的和空虛的感覺；它構成了我們反應、做決定和創造性思考的能力。」

並不是說我們不該玩電玩、血拼或是熱衷於收看新聞。我們講求的是穩定而有意識地規劃我們所要做的事情，在我們做的時候也要意識到自己在做這樣的事情，而不是像開了自動導航系統一樣，習慣性地轉向這些活動。重點不在於痛恨我們買的一堆東西，或是苛責自己老是看垃圾新聞，或是遠離現代生活，而是願意用我們的時間和注意力做實驗，更用心地對待生活中的每一分每一秒。專注幫我們踩住剎車，讓我們小心留神地過生活，而不致於麻木不仁或是分心去尋求不必要的刺激。

分心最大的影響就是令人困惑的破碎感。我們常常覺得失焦，對於「自己是誰」沒有前後一致的感覺。我們發現自己被分成了好幾部分，因此，工作中的我們跟在家裡的我們，是不同的兩個人。我們在辦公室裡也許自信滿滿，但是回到家後就變得脆弱不堪，或者是反過來；我們疏離自己的伴侶，但是跟朋友在一起時卻十分開心。我們其實很看重耐心和同理心，但是當我們面對孩子的時候卻像換了個人似地，對他們動輒打罵。或者正如我的一個學生最近對我說的：「只要我是單身的時候，我對各地的萬事萬物都充滿了慈愛和悲憫；然而一旦我跟人交往，就會變得暴烈無比。」對有些人來說，情況剛好相反：跟別人在一起時，自己再好不過了，但是卻不能好好地單獨陪伴自己。

誠然，我們每個人都是由許多特徵、心智狀態、能力和慾望組成的，這些都是我們的一部分。某些特質相互對立，我們可能一生都花在解決和整合相互競爭的特性和需求上，既親密又獨立，既脆弱又剛強。當我們全神貫注時、當我們覺察到自己時，這些構成我們的不同部分才會和諧而均衡地運作；當我們分神的時候，它們會瓦解，我們會感到支離破碎和被分割成好幾部分。靠著靜心冥想訓練我們的注意力，可以替我們找回重要的凝聚感。

開始靜心：實用的準備事項

選一個適合的地方

建立一個你可以天天使用的冥想角落，可以是在臥室裡，也可以是在辦公室中，想在地下室或陽台也行。不論你在哪裡練習，請找一個靜心時比較不會被打擾的地方。關掉手機和其他的行動裝置，關掉電腦，把它們放到另一個房間。

傳統上，大家是在地上放一個墊子，然後坐在墊子上。如果這樣不方便，你也可以坐在餐桌旁有靠背的椅子上，或是廚房的椅子上，或是坐在沙發上。（如果你根本就不能坐，你可以躺著，雙手置於身體兩側。）如果你仍舊坐在地板上，放個枕頭或是沙發坐墊都可以。你也可以買一個特別用來冥想的坐墊，或是冥想凳，讓你用跪姿坐下時能有所支撐。有些人會在靜心冥想的場所布置一些有意義的東西或是影像；有些人則會帶本有啓發性的書籍，在靜坐前先讀一小段。

穿著舒適的衣服

「謹防那些要求穿新衣服的企業。」亨利・大衛・梭羅（Henry David Thoreau，譯註：一八一七～一八六二，是位雜文家、詩人、自然主義者、改革家和哲學家。最有名的作品爲《湖濱散記》）曾經這樣說道。如果他聽到做靜心冥想不需要特殊服裝的話，一定會非常開心。穿起來感覺舒適的衣服就好。但是如果你發現自己穿著很拘束的衣服，也不要讓這樣的衣服阻礙你。

選一個固定的時段

每天規劃大約同樣的時段來靜心。有些人認爲最好在早晨起床時做冥想；有的人則認爲午餐時間或是上床前最適合靜心。盡量試驗在不同的時間冥想，看看哪個時段最適合你，然後期許自己要做到。把它寫在你的日誌中。

我建議剛開始的時候，第一週做三次二十分鐘的靜心冥想就好了；如果你想要一開始時間短一點，然後慢慢延長也可以。在開始靜心之前，就決定這段靜心的時間要有多長。（如果你擔心時間抓不準，可以上鬧鐘。）這本書附贈的線上音檔中有四節指導式的靜心，每節十至十五分鐘左右*。你可以在第二週時再多加一天的

*英文由作者雪倫．薩爾茲堡親自錄製，中文由台灣「華人正念減壓中心」創辦人胡君梅老師配音。

靜心，第三週又多加一天，第四週多加兩天，這樣到了月底，你就可以建立起每天都實行靜心的習慣了。

訂好一個實行靜心冥想的時段，會提高你認爲這是一個極爲重要的活動的感覺。但是還有基本的問題：什麼樣的時段會讓你想坐上那個坐墊或是椅子？有些人會想，**如果我沒有一個小時的餘裕，就絕對不會去做冥想**。然而，就算你只有五分鐘這點時間，你也可以利用它來靜心，幫助你跟自己重新連結。

調整好正確姿勢

在每一節冥想開始之前，花些時間調整好姿勢。首先，你要做的事情就是要真正進入自己的身體。傳統冥想姿勢的組成要素已經行之數世紀之久，剛開始你也許會覺得奇怪和不舒服，但是最後你就會覺得很輕鬆了。

腿

如果你是坐在坐墊上，雙腿可輕鬆的盤在身前，腳踝碰腳踝或是錯開一點點形成交叉。（如果你在冥想時腿麻了，就換個邊盤腿，或是再加上另外一個坐墊，把身體墊高一點。）你的膝蓋應該比臀部低。無法盤腿的人，可以在坐下時將兩腿曲折，但不必交疊。你也可以利用冥想椅，或是把一個坐墊放在跪坐的大腿和小腿之間，彷彿坐在一個小板凳上。如果你坐在椅子上，保持腳平放在地上，這會讓你坐直，保持呼吸順暢。

背

當你坐在坐墊上或是椅子上時，背部有沒有打直，是靜心姿勢最重要的一部分。坐直，但是不要硬扯或是僵住。想像你的脊椎骨是一疊整齊的硬幣。你腰背部自然的曲線會支撐你。保持脊椎挺直，會幫助你呼吸得更順暢和保持警覺。

如果你坐在椅子上，試著不要靠著椅背，以便保持脊椎的筆直。你的脊椎挺直之後，臀部就會是水平的，肩膀也應該是水平的。你處於一個平衡的狀態，一個立體三角形的狀態。

手臂和手掌

將你的雙手自然垂放在大腿上，手心向下。不要抓住膝蓋，也不要用手臂去支撐體重。有些靜心者喜歡把右手手背放在左手手心上，兩手大拇指指尖微微分開，跟手掌形成三角形。

頭

當你脊椎挺直坐著的時候，雙眼向前平視，這會讓你的頭微微向前。當你視線朝下時，閉上眼睛。維持這個姿勢，肩膀放鬆；如果發現肩膀隆起變成聳肩的狀態，輕輕地把肩膀放鬆下來。

眼睛

閉上雙眼，但是不要緊閉。如果你覺得睜開眼睛比較舒服（或者你發現自己閉上眼睛會打瞌睡），輕鬆地看著眼前一點八公尺左右的一個點，視線微微下垂。眼睛放輕鬆，不要目光呆滯，也不要用力瞪視。

下巴

放鬆下巴和嘴角，同時微微放鬆上下排牙齒的牙關。一位導師曾經告訴我，要輕微分開雙唇到剛剛好可以容下一粒米的程度。

課前準備：練習專注

這一週，你要開始練習如何利用專注來克服生活中無數讓你分心的事情。

你要從最親密和最可行的事情做起：第一週的靜心課程將利用把注意力放在呼吸進出身體這件事情上，來改善專注力。我們選擇呼吸當作焦點，是因爲呼吸是我們自然而然做出來的事情。我們不用刻意地費力。（如果你有呼吸方面的問題，或是你曾試著觀察呼吸，但是這樣做卻讓你變得焦慮，這時不妨試試專注在聲音上，譬如我們在本章「聆聽靜心」這一節中所講的，或是利用第二週所用到的「身體掃描靜心」。）

萌生出的念頭和感覺，無可避免地會攫奪你的注意力，但是你可以反覆地練習全神貫注和放掉那些讓你分心的事情，接著再回到覺察進出身體的呼吸。跟隨呼吸，發現自己分神，然後重來，這是一件輕鬆簡單和做得到的事情。有些萌生的念頭和感覺也許很引人入勝、十分怡人，有些則會讓你很不舒服，甚至感覺非常枯燥乏味。你將學著在不容浪費半點時間來評斷它們的情況下，把它們全都放開。這是學習如何更專注地活在當下重要的第一步。

不管注意力跑了多遠、多久，回神後立刻重新開始，會讓你馬上釋懷。無論是初學者或是老手們在靜心時，當念頭和情緒上來的時候，都會受到綁架，而想完全拋開這些情緒是不可能的。但是當你看到重新來過是多麼容易，你就不會那麼嚴厲地評斷自己了。在不埋怨自己的情況下重頭開始，是一種你可以帶進日常生活的技巧。當你犯了錯或者失去理想抱負時，就可以運用這樣的技巧——一切都可以重頭開始。

專心的另一個益處是，當你覺得自己支離破碎的時候，它可以讓你察覺所有愉快和痛苦的感覺與念頭，把你兜攏起來成爲一個整體。我們不必拚了命地逃避痛苦和惱人的念頭，或是把它們藏起來，抑或是責怪自己有這樣的念頭。正因爲我們開始知道要對自己更好、更寬容，我們也就能推己及人，開始對別人更好並且更寬容。

由於靜心冥想讓我們更趨於完整，我們會重新發現到一個強大的中心，一個我們曾經失去的儲滿了心智和情緒力量的內在倉庫。許多練習專注以穩定注意力的人，會用同樣的字眼來形容他們的感受，那就是掌控力變大。一旦我們有了可以附著的中心點，我們就更容易挺過鋪天蓋地而來的過度刺激、不確定感和焦慮感。因為我們看到的更多，也看得更清楚了，所以我們可以變得更堅強。當我們的注意力渙散時，就像一片微弱擴散的光線，不能照見多少東西。專注讓微弱的光線集中成一道單一、銳利的光束，明確照亮該關注的那一個點。

也許你不相信坐下來靜靜地呼吸，就可以導致身心靈的轉變，但是你很快就有機會親身體驗了，你的靜心練習就要開始了。不需擔心自己有沒有做對。當你分心時，不要驚慌，這是難免的。只要留意你的注意力跑去哪裡，然後把這個念頭或情緒放掉，緩緩地將注意力重新調回到呼吸上面。不論你的注意力是不是飛到了九霄雲外，或是跑掉了好久，都不要掛心。如果你被一個念頭纏住，把它們放掉，重新來過；如果你感到無聊或慌亂，重新來過；如果你無法乖乖坐著，重新來過。如果本週的某一天，你抽不出時間靜心或是不想靜心，那麼就等明天起重新來過。

第一週練習重點

你可以在本週三次（如果你想更多次也可以）的練習中，做以下的「核心靜心：呼吸」；或是可以輪流練習本週教授的「聆聽靜心」和「放掉念頭的靜心」。你也可以多加練習第88頁所教授的「隨時可做的迷你靜心」。

冥想操1　核心靜心：呼吸*

這個典型的靜心練習，是藉由全心全意地注意呼吸的吐納來加深我們的專注力。

請舒適地坐在墊子上或椅子上，保持前面68～71頁詳述過的姿勢。背打直，不要拉扯肌肉或是過度彎曲。（如果你無法坐下，可以躺在瑜伽墊上或是摺起來的毯子上。躺下時，雙臂自然放在身側。）你不必刻意想著自己即將要做什麼很特別或奇怪的事情。儘管放鬆即可。如果你覺得閉上雙眼比較舒服，就閉上；如果不行，就輕鬆地直視面前幾呎的地方。

盡量進入一種警覺的放鬆狀態，刻意深呼吸三、四次，感覺空氣吸進鼻孔，充滿胸腔和腹部，然後再呼出去。接著，在不強迫和不控制的狀態下，讓呼吸回復自然的節奏。請感覺正在發生的呼吸，但不要試著改變它或是改善它。你就是在呼吸。你該做的就是感覺它。留意你對呼吸進行中的哪一點最爲印象深刻。也許是它在鼻孔裡的感受最明顯，也許是在胸部最明顯，或者是在腹部的感受最明顯。然後輕輕地把注意力放在那裡，就像蝴蝶輕柔地棲息在花朵上一樣。

覺察呼吸到達的感受。譬如說如果你專注在鼻子裡的呼吸，你可能會體驗到刺刺的震顫和脈動；你也會感覺到空氣進入鼻孔時比較涼，呼出鼻孔時比較溫。如果

＊請聆聽線上音檔，英文第1、2、3首，或者中文第10、11、12首。

你專注在腹部呼吸，你會感覺到移動、壓力、伸展和放鬆。你不必指出這些感覺，只要好好地感受它們。

將注意力放在自然呼吸的覺受上，專心感受每一次呼吸。（注意「放」這個字出現在這個指引中多少次？這是一個非常放鬆的練習。）你不必加深或延長呼吸，或是讓它變得跟往常不一樣。你只要覺察它，專心感受每一次呼吸就夠了。在這樣的靜心課程中，你會發現自己的呼吸節奏改變了，而你不妨就這樣任它去吧！

有時候，人們會因爲過度意識到一件事情而變得恐慌，以致在觀察呼吸時開始過度換氣，或是在不自覺的狀況下屏住呼吸。如果發生這樣的狀況，請更加輕柔地呼吸。爲了幫助自己覺察到呼吸，你也許想試著在每一次吸氣和吐氣時，在心裡念著「**吸**」和「**吐**」，或是「**升起……降下**」，但是請不要讓這個心裡的默念喧賓奪主，以免干擾自己對於呼吸感受的專注力。

試試這個技巧

先熟讀指引，再坐下

也許你會自問：我是否應該遵循我讀過的章節來做每一個動作？我閉上眼的時候發生了什麼事，我可以偷看指引嗎？

大哉問！本書隨附的線上音檔裡，節錄有四種靜心冥想練習，所以只要你想，你大可閉上眼睛，聽從我發出的聲音指示來做動作即可。但我還是建議在做每一個靜心練習之前，要先反覆地把指引看個幾遍，這樣才能夠吸收進去，並且知道該抱持什麼樣的期待。

如果你在某次靜心時迷失了方向，請記住以下這些簡單和基本的指引：自然而然的呼吸，專心感受每一次呼吸。如果你生出某些念頭或是感覺，去覺察它，然後慢慢回到專注在你的呼吸上面。

靜心時會浮現許多令人分心的事情，譬如意念、影像、情緒、渴望、痛苦和計畫等等。你不必追逐，也無須掛心，更不要分析它們。你只要繼續呼吸。當這些意念和影像浮現時，心心念念都還是呼吸，你要把呼吸當作在人群中發現的一個朋友，你不必推開大家或是命令大家都走開；你只要指揮你的注意力、你的熱忱和關注給朋友。你想著，噢，我的朋友在人群當中。噢，我的呼吸在這些意念和感受與知覺當中。

如果升起的雜念太過強烈，強大得足以把你的注意力從感受呼吸上挪開，也許是肉體的感覺、情緒、回憶、計畫、無與倫比的幻想、迫在眉睫的一堆雜事等等，或是你發現自己在打瞌睡，都不要去管它。看你能不能放掉這些雜念，回到注意呼吸的感覺上。

一旦你注意到會攫取你注意力的是哪些東西，你不必做任何處理，無須評斷（我竟然睡著了！真白癡！），無須解釋（我真沒有冥想的天份！），無須比較（別人在做這個練習時，可能都比我更能持久地關注呼吸！或是，我應該有更好的想法才對！），更無須瞻前顧後（如果這個念頭過度干擾我，讓我無法回到專注於呼吸上，怎麼辦？我這輩子都無法排除雜念，我永遠都學不會靜心了！）。

你不必因爲生出了一個念頭而責怪自己，你不需評估它的內容：只要認知到它即可。你不必詳細說明這個念頭或是感覺，不用評斷它，不必跟它奮戰，也不要一敗塗地完全倒向它的懷抱。當你注意到你的心不在呼吸上，去留意你的心跑到哪裡去了，然後不論它是什麼，都把它放掉。將注意力調回到鼻孔、肚子或是你感受得到呼吸的任何地方。

當你發現自己分心了，那就是一個魔幻的時刻。你可以抓住這個機會讓自己有所不同，你可以嘗試做出新的反應，而不是試都不試就說自己沒辦法，或是試一下覺得不行就放棄。你大可放掉這些念頭，重新來過。事實上，與其懲罰自己，你應該感謝自己已經認出分心了，並且感謝自己又回到專注在呼吸上。這種重新開始的行動，是練習靜心冥想的重要藝術。同樣地，每次發現自己分心了，請注意這些浮現的念頭和感覺，輕柔地讓它走，然後再專心回到呼吸的實際覺受上。

每次你發現自己在臆測未來、重演過去、或是不斷地自我評斷時，請將注意力重新導向對呼吸的感受。（不妨在每一次的呼吸時，在心裡默念「吸……吐」，以便恢復專心，就跟我之前所建議的一樣。）我們的練習是輕柔地放掉，然後回到專注於呼吸上。注意「輕柔」這個字。我們輕柔地認知和放掉雜念，並且輕柔地原諒思緒紛飛的我們。我們寬恕了自己，再度回到專注於呼吸上。

就算你必須放掉雜念，重頭開始好幾千次也沒關係。這對練習來說並不是障礙——練習不就是這樣。生命不就是這樣：重頭開始，專注在每一次的呼吸。

如果你覺得快睡著了，背可以再挺直一點；如果眼睛是閉上的，就請張開眼睛，做幾次深呼吸，然後回到自然的呼吸。你不必控制呼吸或是改變原來的呼吸方式，只要與呼吸同在就可以了。感覺呼吸的開始和結束；隆起的動作和結束的動作。感覺每次呼吸開始和結束之間的小小間隔。

繼續專注於呼吸——等到分心的時候再重新開始——直到你預定的靜心時段到

了再結束。等你準備好時，把眼睛張開或是抬高視線。

試試這個技巧

請珍愛你的呼吸

當我自己在練習呼吸時，我會像是捧著很脆弱、很珍貴的東西一樣，就像是雙手捧著一個用玻璃做的物品。如果我太用力抓住它，它就會被捏碎；但是如果我太疏忽對它的照顧，我的手會鬆開，它就會跌落在地上摔個粉碎。所以我捧著它，時時照顧它、珍惜它。這就是我們該對待每一次呼吸的方式。我們不想把它握得太緊或太輕，太用力或太放鬆。我們滿足和珍惜這個片刻，這一次的呼吸，一次又一次的呼吸。

試著將你剛剛經驗過的某些專注的特質，譬如聚精會神、安定的觀察、願意重頭來過，還有輕柔，帶進你在家中、辦公室、朋友間或是陌生人間所做的下一個行動。

冥想操②　聆聽靜心

請舒服地坐著或是躺下，閉上或張開眼睛都可以；如果眼睛張開，請找面前的一個點，讓視線停留在上面。一心一意地感受呼吸，只要輕鬆感受最正常、最自然的呼吸就好。跟隨你的呼吸幾分鐘，然後將聚集在呼吸上的注意力轉向聚焦於環繞在你身邊的聲音。

有些聲音近，有些聲音遠；有些聲音好聽（譬如風吹過的聲音，或是片斷的音樂聲），有些很刺耳（譬如喇叭聲、電鑽聲或是街坊鄰居吵架的聲音）。上述這兩種聲音，都是單純的有起有落的聲音，不管那是好聽的悅音或是噪音，你注意到這個聲音之後就放掉它們。

靜心練習結束後，你的心也豁然開朗了

你可以用這裡所說的方式，結束本書中所教導的各種靜心冥想練習。

當靜心練習即將結束時，感受關愛自己、付出注意力、承擔風險和甘願重新開始所帶來的愉悅。這樣做並非自尊自大或是愛慕虛榮，而是經驗做出了健康選擇所帶來的愉悅。

因為我們內在的工作從來都不是光為我們一個人而做的，請慎重地把你在練習靜心時產生的正面能量，提供給曾經幫助過你的人。也許他曾幫你照顧家務，讓你更有閒暇時間，或者他是曾經鼓勵過你實行靜心的人。你可以把這股正面的力量、這種凡事都有可能的感覺，傳遞給這個人，因此，你內在所做的工作，也是為他們而做的。

爲你的幸福，獻上我的靜心練習。

也許你認識的某個人受傷了。你的覺察、感受、慈愛和寬容發展得更健全，就越能幫他們過得更幸福。或者想想你的家庭和更廣大的社區，我們朝和平與理解所踏出的每一步，都會影響周遭每一個人。

在靜心結束時，不妨對自己說：願我為了善行，了解自身和為和平所採取的行動，可以造福世界各地的眾生。

當你感覺自己準備好了的時候，就可以睜開眼睛了。

你不必對這些聲音做任何處置；你可以不費力地聆聽它們。你不必對它們有所反應（除非是煙霧警報器的聲音，或是你小孩的哭聲）；你無須評斷、操控或是阻止它們；你甚至不必了解或是指出它們。看看你是否有能耐聽到一種聲音，而不去指明或是解釋它們。當聲音傳過來時，不去干擾、不去批判，只是注意聲音強度和音量上的改變，它不斷地起來又落下、起來又落下……。

如果你發現自己害怕某一種聲音，希望它趕快結束，請注意自己能不能以更開放、更有耐心的方式對待它。放鬆肢體。如果這個聲音讓人心煩意亂，回到跟隨自己的呼吸幾分鐘。不要緊張兮兮地聆聽，只要開放聽覺，等著下一次的聲音來到即可。

如果你發現自己渴望聽到這個聲音以外的東西，不妨深深吸一口氣，放輕鬆。單單注意聲音響起了，你對聲音有了某種反應，而在這兩件事情中間沒有多大的空檔讓你思考。保持開放的態度，等待下次聲音升起的時刻，認清聲音在你無法控制的情況下，持續地來來去去。

如果你發現一個聲音讓自己感到緊張，深呼吸一下，放輕鬆，運用任何有效的技巧：也許是將呼吸導引到身體比較緊繃的部位；或者是在當下的任何一個時間點，回到聚焦於自己的呼吸上，把它當作一個錨、一個提示，提醒自己進入輕鬆、寬慰的放鬆狀態。如果念頭浮現，去察覺它們，然後放掉。你不必刻意去想：噢，那邊來了一輛巴士，不曉得是幾號公車？我希望它們改道，這樣會更方便。我希望我根本就不必搭公車。我覺得很煩，因為我的車送修了……你所要做的只是聆聽，你只要在當下聚精會神就好了。

當你感覺自己準備好的時候，就可以張開眼睛了。

等你回到日常的活動時，想想這種靜心的方式提醒了我們在體驗一些事情的時刻，可以運用更全神貫注和更以之爲本的態度。

冥想操③ 放掉念頭的靜心

有一次，有人問米開朗基羅該怎麼雕刻大象。他回答：「我會弄來一大塊石頭，然後去掉所有不是大象的部分。」在靜心期間練習專注，也就像是學習認清什麼「不是大象的部分」。持續不斷地放掉不重要的部分和雜念，就是靜心。當我們練習專心時，心中若有念頭升起，不管是回憶、計畫、比較和引人入勝的幻想，都該放掉它。如果升起的是憤怒、自我論斷或是我們殷殷期盼的晚宴，也要放掉它，平靜地回到專心這個目標上。

我們放掉一個念頭或是感覺，並不是因爲我們害怕或是無法承受認清它是我們經驗的一部分，而是在這個背景之下，它是沒有必要的。目前我們練習的是專注，亦即把注意力持續保持在呼吸上。

在這樣的靜心練習中，你可以舒服地坐下或躺著。閉上眼睛，或者張開眼睛也行，找到前方一個點，讓視線固定在那個點上。把注意力集中在呼吸一呼一吸的感覺上，感受它們進出鼻孔、胸部或腹部的感覺。感受最自然、最正常的呼吸。

當你感受呼吸的時候，在心中默記**呼吸**。**呼吸**是吸進來和呼出去。而當一個升起的念頭強烈到會將你的注意力從呼吸上轉移時，請緊緊牢記：**那不是呼吸**。不管它是不是世界上最美好的念頭，或是你絕不會告訴別人的最可怕的念頭，在這一節靜心中，**它們都不是呼吸**。

你不必批判自己，也不必糊裡糊塗地杜撰一個故事來說明這個念頭是怎麼引起的，或是它可能造成的結果。你唯一要做的事情就是認清它不是呼吸。有些念頭也許是溫柔和有愛心的，有些可能是殘酷和有害的，另外一些則可能是無聊和貧乏的；跟我們有關的只有一點，那就是：**它們都不是呼吸**。看著它們，認清它們，輕柔地放掉它們，然後讓你的注意力回到感受呼吸上。

我們習慣性的傾向不是抓住那個念頭，就是爲那個念頭疊床架屋，搞得複雜無比，或者是想極力撇開那個念頭。在這次的靜心練習中，我們接觸到各種念頭，然後保持疏離，集中精神和平靜。我們只要認清**它不是呼吸**，然後輕柔地放掉它，把注意力回歸到呼吸上。

當你覺得自己準備好時，就可以張開眼睛，放鬆一下了。

冥想操④ 隨時可做的迷你靜心

日常生活中，常可擠出短促的時間來做迷你靜心。在這些迷你靜心當中，你可以甩開雜念或焦慮，並且恢復專注和平靜。

只要我們在呼吸，不管走到哪裡都可以練習靜心——不管你是在排隊等候結帳，看孩子踢足球，或是將舉行一項重要會議之前。一天之中，總有好幾次這樣的時機，不管你在哪裡，不妨趁機利用一兩個空檔來感受呼吸進入鼻孔、胸腔或是腹部的感覺，看你怎樣最自在，就感受哪裡的呼吸。你不需要閉上眼睛，做不一樣的動作或是怪異舉動，也不必太過意識到自己。你不過是掌握了一個可以快速聚精會神的片刻，而這個片刻短到只要數三次呼吸就夠了，這樣做可以讓自己鎮定下來，跟自己產生更深刻的連結。

有些人會把迷你靜心訂爲例行公事，或是在某些特定的狀況下找出空檔，以便把正念的片刻安插進每日生活中。他們會在回覆電子郵件之前做三次正念呼吸；或是在用微波爐熱午餐、等待定時的時間鈴響時，稍稍花點時間靜一靜，專注於呼吸的瞬間；或者他們會讓電話響三次才接起來，並且趁這個短暫的空檔做一次正念的觀呼吸。

我聽一名主管說過，她指示助理在每次開會前，在日曆上爲她安排一分鐘的空檔，好讓她可以趁這個時間做一次短短的觀呼吸。這些偷來的靜心片刻，或許可讓我們恢復到我們得用更長的練習時間達到的平靜狀態。迷你靜心提醒我們：呼吸永遠是一個取之不盡的資源，我們可以用它來聚精會神，好讓我們記起哪些才是當務之急。

第一週的省思

練習感覺自己的呼吸，並且一次又一次地把注意力轉向呼吸，是單調又無聊的事情。但是當你必須對自己說，「我得重新開始，我不想困在現在這樣的狀況下」時，它卻會發揮作用。這是一個讓你回神的奇妙技巧。

我剛開始練習靜心時，以爲馴服心靈和發展專注力需要耗費很大的精力。我在參加第一次、也是最後一次閉關靜心時，因爲無法專心而非常挫折。出於狂怒，我對自己說，下一次我的注意力再跑掉的話，我就要用頭去撞牆。

所幸，午餐鐘聲及時響起。我站在領餐的排隊動線之後，無意間聽到兩個我不認識的學生的對話。一個學生問另一個早上過得如何。那位又高又瘦的男子輕快地說道：「我沒辦法很專心，但是我想下午應該會好一點。」

我聽到後大吃一驚，轉過頭去端詳那位說話的男子，心想：為什麼他不像我一樣覺得那麼挫折？他是不是根本就沒有把靜心冥想當作一回事？這就是我第一次遇到約瑟夫．葛斯坦的情景。

五年後，約瑟夫跟我還有傑克．康菲爾德，以及其他幾位朋友，創立了「內觀靜心協會」。到了那個時候，我才明白爲什麼約瑟夫可以一派輕鬆地這樣說。當我靜心練習的程度越來越高之後，我才知道，要發展專注力，絕不能像我那樣折磨自己。靠強迫自己獲得的安靜毫無意義，但是我們卻常常這麼做。我發現，勉強心智停留在呼吸上，並不能讓專注自然地升起。唯有當心智放鬆時，也就是當我們的心很平靜、開放和有自信時，專注就輕鬆自然地出現了。但是，我們怎樣才能達到這樣輕鬆的狀態呢？

像約瑟夫許多年前站在午餐排隊動線上那樣的心態，就很有幫助。他接受靜心練習就像生命經驗，一定會有起起落落。有時候靜心很輕鬆、有趣，甚至令人狂喜；有時候卻很煩、很困難、很痛苦。無論用的是哪一種技巧，我們都要記得：想達到靜心絕不能太過用力或掙扎，放鬆和堅持才是不二法門。

試試這個技巧

請綜合運用不同的靜心技巧

實驗各式各樣的靜心。在練習靜心時，用它們來取代核心靜心，或是把有用的元素融入日常所做的靜心當中。

譬如你在做靜心練習時，如果感到緊張或焦慮，不妨從觀呼吸轉爲聽聲音；或者你可能決定在注意力特別渙散時，在心中默念「它不是呼吸」。請運用任何一個對你來說有用的專注技巧。

不要理會那些注定會周而復始的起起落落。我們的靜心是否有進步，跟它們無關。你無法脅迫自己進入覺察的狀態，仁慈和寬容都要比脅迫好得多。當我們進行冥想時，如果被飛進來的念頭和感覺分散注意力，我們可以在不加評斷的狀況下認出它，並且放開它。這樣的觀察沒什麼大不了，它不會讓我們變得沒有分別心或是自滿；反之，我們會拾回用在責怪自己的能量，將之導向決定該如何從大量的訊息中，選擇敘述我們想法的方式。

如果我們在應該平靜和聚精會神時感到昏昏欲睡、焦慮或注意力渙散，無須氣餒。別忘了，靜心成功與否並不在於發生了什麼，而在於我們如何看待發生什麼事情。你有沒有平靜地觀察過你的瞌睡、焦慮或雜念？成功。你有沒有試著停止處罰想到這些事情的自己？成功。

神學家暨民權領袖霍華德．瑟曼（Howard Thurman）建議我們，「用持平的眼光觀看世界。」這是一個很有意思的句子。我們常常更像是卡通影片裡的人物，每看到一件新奇的事情，眼睛就瞪得大大地說：「我看到我想要的東西了！給我！」喔喔！「等等，我看到更好的了；我要換那個！」喔喔！我們抓住東西、人、潮流，然後緊緊地箝住，不讓它改變或是離開。但是等一下，喔喔！我們又想要別的東西了，因爲我們根本沒有好好觀察我們緊緊握著的是什麼。

沒有好好地留心，讓我們陷入生生不息慾求不滿的循環之中。我們會一再轉向下一個目標，那是因爲我們並不眞的滿足於我們已經有的東西；漫不經心創造了越來越強烈的追求刺激的需求。當我們敏銳地覺察到發生了什麼事情時，不必急著想抓住下一刻更棒的感覺、味道或是聲音（以致錯失了當下正發生在眼前的事情）；我們也不必延遲快樂的感覺，好等到下一個更刺激或更愉悅的時刻來到，心想著：這還不賴，但是那樣會更好……。殊不知，唯獨時時留心當下的片刻，我們才能滿意自己的生活。我們練習的重點就是要好好面對直接的經驗。

當我們對小小的愉悅麻木不仁、渾渾噩噩地活著的時候，可能很容易陷入上癮行爲，因爲我們需要更大的刺激感、更大的歡愉或是更大的痛苦，以便感覺自己活著。羅伯特．佛洛斯特（Robert Frost）在〈永不逃避〉（Escapist-Never）這首詩中寫道：

他的人生是一連串貪得無厭的追求，

他用未來造就現在。

貪得無厭的鎖鏈鍊住了他的人生。

當我們的生活變得像是一連串貪得無厭的鎖鏈、當到手的東西都沒辦法滿足我們時，我們應該想到這條鎖鏈的第一節，通常來自沒有全神貫注地活在當下。以下就是它發生的過程：想像你正在吃一顆蘋果。如果你吃蘋果時沒有好好注意它的外觀、觸感、氣味和味道，那麼吃這一顆蘋果就不是一個很圓滿的經驗。覺察到小小的不滿足之後，你可能會抱怨蘋果乏味和普通。你很容易就會忽略注意力不足是造成你不滿意的主因。

你也許會開始想，如果我吃的是香蕉，我會更開心！等你眞的吃到了香蕉，你在吃它的時候又開始漫不經心、東想西想的，所以你又感到不滿足。如果你非但沒有認清自己沒有專心吃香蕉，反而開始想，我的人生真是太乏味了，蘋果和香蕉怎麼能滿足我呢？我需要更有異國情調的東西。我想要一顆芒果，那樣我就會開心了。

費了一番功夫之後，你眞的吃到了芒果。剛吃下去的那幾口很美妙，這是個新鮮的經驗。你說芒果眞好吃，那正是你想吃的水果。不過，很快地，你又以魂不守舍、心事重重的方式，像吃乏味的蘋果和香蕉一般地吃完這顆異國情調的芒果，你開始感到不滿足，對其他的水果又產生了渴望。這不是蘋果、香蕉或芒果的錯，而是你注意力不足的錯，使得你想要再找其他的東西來吃。這就是「貪得無厭的鎖鏈」形成的過程，而專注則是打開鎖鏈的唯一方法。

試試這個技巧

寫靜心日誌

每次靜心以後，在小筆記簿上寫下你練習了多久，以及靜心帶來的最重要感受。只需簡短的記錄，譬如「昏昏欲睡」，或者「老是想著明天要做什麼」，或者「清醒和有活力」，或者「希望我現在正在滑雪」。到了晚上再多加一兩個字眼，描述當天的精神狀態，譬如「沒耐心」，或「解決了」，或「開朗」，或「平靜而有自信」，或「焦慮」等等。

到了每週的最後一天，回顧你的日誌，看看你靜心之後的心情跟靜心有什麼關聯。

學著加深自己的專注力，可以讓我們用持平的眼光看世界。我們不必伸出手去攫取更具異國風情的果子或是禁果。我們發展出平靜和安寧。而我們越安靜，身心就越放鬆，也更能接受生命的樣貌。

試試這個技巧

數息

奉送你一個實用的技巧：如果吸氣和呼氣的時候，在心中默念「吸……吐」或「起……伏」，無法幫助你聚焦於呼吸，那麼可試著數呼吸的數目。當你吸進來時，心中默念「吸」；當你呼出去時，心中默念「一」。所以跟著呼吸節奏走的話是：「吸」，「一」；「吸」，「二」；「吸」，「三」，依此類推。

數息的時候應該很安靜，將全部的精神都放在感受呼吸上。當你數到十的時候，可以重新再從一開始數。如果你是人，一定會在數到二或三以前就開始胡思亂想或是神遊太虛。一旦你發現自己開始分心了，只要回到一，重新開始數下一次呼吸就可以了。從頭開始並不表示失敗，它只是一種協助你進入更深度的專注的方式。

常見問題Q&A

Q 我發現自己很難聚精會神地跟隨呼吸，我是不是哪裡做錯了？

A 跟呼吸同在，並不是簡單的事情。爲了解釋一心一意跟隨呼吸的技巧，我通常會以拿叉子叉起一朵花椰菜的意象來做比喻，你的目標是把叉子深深的插進花椰菜，以便把它叉起來放進嘴裡。爲了達到這個目的，你需要做到兩件事情。第一件事是瞄準，如果你拿著叉子在空中亂揮，沒有對準一個目標，你可能沒辦法吃到東西。第二件事情是好好地調整能量。如果能量渙散，叉子仍然伸不出去；如果你太用力，猛地叉向花椰菜，那麼食物和盤子都會被你叉飛。所以，我們把注意力瞄準這一個呼吸，然後跟它連結。

我們的一位老師在閉關靜心時，會問學生一個很狡詐的問題：「在你的專注力跑掉之前，你可以跟多少次呼吸同在？」有人會強答：「我可以跟隨呼吸四十五分鐘或是一小時，才會開始胡思亂想。」但是實際上，我們也許只能撐到第二、第三或者第四次呼吸，注意力就會開始亂飄，飄到過去、未來，然後開始評斷、分析、幻想。問題就在於，當你認知到自己出現雜念時，你會怎麼做？你會輕柔地放掉，然後把注意力調轉到當下來感覺你的呼吸嗎？跟呼吸同在的眞正關鍵就在於可以重新開始。

Q 當我開始靜心冥想時，對呼吸變得太過在意，以至於幾乎要過度換氣了。我怎樣才可以正常地呼吸呢？

A 當我還是初學者時，我發現每次開始做第一次的呼吸時，就已經在期待下一次的呼吸。往前推是我心智的一種習慣，因爲我很擔憂人生的下一步會怎麼樣，所以，我把這種高度警戒帶進了靜心練習中。我有太多臨場焦慮，以致無法專注在呼吸上面。我所需要的就是安定我的心智，讓呼吸自然而然地來到。

但是有時我們會太過安逸和鬆懈，會變得想打瞌睡、無聊煩躁或是精神渙散，對呼吸幾乎提不起興趣。碰到這樣的情況時，我們必須打起精神，對呼吸的過程產生更大的興趣，重新對焦，重新連結。我們可以給自己一點小挑戰來提高興致，看看有沒有辦法感受到一次呼吸的結束和下一次呼吸的開始。

失掉和恢復平衡也是練習的一部分。這個把戲就是要不斷地重新開始，好讓我們明白，當我們沒跟上自己的呼吸時，並不會有什麼損失。

Q 我在靜心時沒辦法阻斷雜念。靜心不是應該什麼都不想嗎？

A 靜心的重點並不是要殲滅思考。每個人在人生中顯然有很多時候需要有源源不斷的想法，這對我們的生存來說非常重要。我們需要學習的是去區分思考和剪不斷理還亂的想法，兩者之間的分別。我們要的不是阻斷我們的想法，我們要的是改變我們跟想法之間的關係。在我們思考的時候，我們要變得更全神貫注和更爲覺知。如果我們覺知自己在思考，如果我們清楚地看到我們的心裡是怎麼回事，那麼，我們就可以選擇要不要或者要怎樣應付我們的思考。

甚至，你在腦中塞滿最邪惡、最恐怖的念頭下，還是能好好地靜心，這樣的情況端視你跟這些念頭的空間有多大而定；也就是說，你給它們多少存在空間，你在多近的距離觀察它們，你對自己有多寬容。許多教導正念的老師曾說，「念頭並不是事實。」念頭也不是行動。它們就是念頭，是遠去的心智風景的一部分。念頭掠過你的心，就像是雲掠過天空一樣。它們不是天空，天空也沒有因它們而改變。你只要看著它們掠過就好了。然而，我們多半不是這樣看待自己的念頭，不過我們應該朝著這樣的目標前進。

我也喜歡引用加州大學洛杉磯分校正念認知研究中心主任丹尼爾・席格醫學博士（Dan Siegel, M.D.），在他的著作《第七感：自我蛻變的新科學》中所說的：「心智就像是大海……不管表面看起來如何，不管是風平浪靜還是驚濤駭浪……在大海深處總是安寧而平靜的。從海底深處，你可以向上仰望表面，單單注意那邊的行動。就像是從心智的底層，你也可以向上看……所有心智的活動，譬如念頭、感覺、感受和記憶。」

兩種鮮明的印象都指向同一種事實：念頭和感覺會掠過我們的心智，並且不斷地在改變。它們並不代表我們是誰；它們只是我們那個當下所思考和所感受的。

Q 為什麼當我拚命想要放空時，心裡卻不斷浮現某一個人的身影？

A 首先，千萬不要責怪自己出現這些念頭。早期，我從印度老師身上學到了一個寶貴的功課。我帶著莫大的挫折跑去找他，因爲我在靜心時產生了忌妒的念頭。「你爲什麼對靜心時跑到你心裡的念頭這麼介意呢？」老師說，「是你邀請它們來的嗎？」這樣的話讓我大開眼界。

我們難道會對自己說，我想要在五點鐘時，心中充滿了討厭自己和自憐自艾的念頭？當然不會。我們只需要短暫地注意到念頭和感覺，接下來繼續往前進，回歸呼吸。重點不在於責怪念頭的內容，而是在認出這個念頭，觀察它，放掉它，再度回到追隨自己的呼吸。

看看我們那喋喋不休的心智

在日常生活中，當我們心神渙散時，常常會被一連串思緒所淹沒，並且跟當下所發生的事情脫鉤。同樣的事情也會在靜心冥想時發生。而以微觀的方式觀察它的進程，是非常有用的。以下是一般靜心者十分鐘生活的簡述。

你正在靜坐並感受你的呼吸，突然想到，不知道午餐要吃什麼？接下來，你又跑出另外一個念頭：我是不是該吃素？因為吃素對身體好，也更符合我的價值觀。之後，你的心思跑得更遠了：好吧，我改吃素好了。但是除非很會做菜，否則很難吃素。等我做完這節冥想之後，立刻去書店買一堆食譜。既然我已經在這裡了，我該去買一本墨西哥旅遊書，因為下一次旅行我想去墨西哥。不，等等，既然我做冥想又吃素，那我應該去印度才對！第一站該去哪裡好呢？待你清醒過來時身在德里，你記得的最後一件事情是：午餐該吃什麼？

靜心的目的是當念頭產生時，知道我們在想些什麼，並且在升起感覺時，知道自己在感覺些什麼，而非整顆心跑到另外一個大陸去，而且還想著我們到底是怎麼去那裡的。

當一波波的回憶、計畫和雜亂的想法，似乎壓抑了你對呼吸的專注力時，請輕輕地將注意力集中在呼吸上，不過不要強迫呼吸。如此一來，你就可以開始安頓你的心智了。

Q 我剛開始靜心時還不錯，感覺好像有點上軌道了，但後來我又退步，退回剛開始的那個點，我根本就無法專心。我真的有可能進步嗎？

A 我初期的靜心練習，不論在身體上和情緒上都令我感到極為痛苦，後來我也經歷了一段極為愉悅的階段。我坐下來，跟隨我的呼吸，感覺彷彿在空中飄浮，我的心智平靜。我會想著，噢，如果我的下半生都活在這種美妙的狀態中，不知道有多美好？

但是接下來我的膝蓋開始疼痛，緊接著背部也是；或是我會感到焦躁或愛睡，我會痛斥自己：你幹了什麼好事，讓那個美妙無比的狀態溜走了？

事實上，它溜走了並不是因為我們做錯什麼。每一次的覺受、每一種情緒，都是變幻莫測的；每一次的經驗，不管多麼密集，都是短暫的。所有的生命都是無常的。觀察思緒和情緒的起伏，教導我們如何擁抱世事無常這個事實。

回到原點並沒有那麼糟糕。任何靜心，即使是你發現自己分心的那一次靜心，或是感覺很不好的一次靜心，都是有用的經驗。

Q 該如何避免在冥想時打瞌睡？

A 別擔心打瞌睡的問題，這是一定會發生的。一方面，冥想時會產生平靜和安寧，另一方面則會增加能量，但是兩者並非總是同時產生。誠然，一定會有內在的平靜加深，但是卻無法產生與之相當的能量的時候。與其說這種狀況很糟糕，不如說它不平衡，而處在如此不平衡的狀態下，就會讓你打盹。

你可以用許多技巧對抗瞌睡。第一是接受這不是永久的狀態，它會來來去去，而你可以克服它。另外一個方式是全然地接受昏昏欲睡的狀態，並且密切地觀察它。把它當成敵人來抗爭，只會讓你更不舒服，因爲你等於是把壓力和敵意一層層地加在疲倦上面。試著跟瞌睡和平相處，觀察它不同的構成要素。你在哪裡感到疲倦？你的眼皮下垂、四肢沉重嗎？你的頭是不是往前點了？你注意到瞌睡的幾個徵兆呢？你的呼吸有沒有改變？你的姿勢呢？對瞌睡產生興趣，進而去研究它，會讓你清醒過來。

你也可以用很實際的步驟拾起能量。我的一位印度老師常常會問學生，練習進行得如何。當時的我在冥想時頻頻打瞌睡，我很擔心會被別人發現。但是當老師問我旁邊的女士進行得如何時，她絲毫不以爲意地告訴他，「我一直在打瞌睡。」我大大鬆了一口氣！然後這位老師非但沒有給她神祕難解的回應，反而單刀直入地說：「試試看站起來吧，或是往臉上潑冷水。」這些都是非常實際的、可以改變能量平衡的指引。

你也可以試著在靜坐時張開眼睛，或是在開始要打瞌睡時，出去外面晃一下。隨著時間過去，你的練習會越走越深，你會找到平衡，再也不會感覺那麼想睡了。

試試這個技巧

覺察你的接觸點，把思緒拉回來

以下是一個讓你穩住的練習。如果你開始胡思亂想，可是跟隨呼吸又不管用，不妨運用覺察你身體上的接觸點這個方式。這個小小的範圍，大概就一個硬幣那麼大，也就是你的背部、大腿、膝蓋和臀部接觸到椅子或坐墊的那個點。你的手碰到膝蓋，雙唇相碰，腳踝相盤，在你吸氣與吐氣的這個小小空檔中，專注在這些接觸點上，在腦中想它們的樣子，感覺它們。這樣做，或許可以把你如脫韁野馬般的思緒拉回來，並且讓你回到當下的這次呼吸。

Q 靜心時，我總是坐立不安。我開始叨念自己，可是這樣只會使情況變得更糟。我該怎麼做？

A 坐立不安是瞌睡的相反，這是我們的身體因為缺乏平靜而失去了平衡。有位學生有次問我，「有沒有人因為坐立不安而死？」我告訴她，「別想那麼遠，起碼當下沒有人會因為一時片刻的坐立不安就死掉。」很幸運地，每件事情都

是同樣的道裡——只看當下，別想那麼遠。

如果煩躁不安讓你無法跟隨呼吸，不妨就讓煩躁不安變成靜心過程中暫時的目標。首先你要做的是，找出你在煩躁不安上面附加了什麼樣的東西，以及不好的想法。譬如，我不應該有這樣的感覺。這樣很不好。我太失控了。其他人都好好的，而我是唯一不好的那個。如果我更堅強（更有耐心、更聰明、更寬容），我就不會有這樣的感覺了。如果你處於高能量的模式下，你很輕易就會引爆一長串對自我的評斷。與其苛責自己，不如試著觀察伴隨這些念頭和情緒的身體感覺，注意它們，並且列舉它們。或許坐立不安是由挫折、恐懼、無聊和困擾所組成。

另外一個對付坐立不安的方式，則是給予能量充分移動的空間，以達到平衡狀態。也許這表示靜坐時，眼睛張開不要閉上，或者聆聽來來去去的聲音，或者找出讓你的心智感覺更為寬廣的方式，譬如看著房間裡的空間，而不是看著某些物體，或是感受你整個身體坐在太空中的感覺。也許是把坐著靜心的方式，改為行走中的靜心（請見第二週，131頁）。也許指的是走到外面，抬頭看看天空。

我在練習中發現了一件事，那就是我的焦躁不安往往以不斷做打算的形式出現。我曾試著不帶任何評斷色彩地去仔細觀察這些念頭，靜心結束之後，我更全面地思考這些代表了什麼。我明白了我基本上相信，如果我計畫得夠周詳，我就可以操控它們，讓它們發生。計畫讓我獲得安全感。我在靜心時，透過仔細觀察我的焦躁所獲得的洞見，讓我日後得以開始檢驗過度計畫背後所隱藏的焦慮。

當我用同理心看待這些情緒時，我開始放掉把我從當下帶走的擔心和焦慮，而且我不僅僅在冥想的時刻放掉它，在日常生活中也把它給放掉了。或許你在做靜心時，也會因為調查浮現出的焦躁不安和觀察產生的情緒，而獲得有益的資訊。不過，分析和追根究柢請留待靜心之後再做就好了。

靜心時，感覺想打瞌睡或是相反的焦躁不安，都是很正常的。特別是在靜心剛開始的階段，當你進入靜默，也許會感到腦中有兩種聲音，一個說，這裡沒什麼事，不如睡一下；另外一個聲音則說，這裡沒什麼事，不如搞點什麼事出來。

於是你不是眼皮越來越沉重，眼睛越來越睜不開，就是滿腹心事，有無數的念頭和打算跑了出來。這兩種情況都很有啓發性，而且都是暫時的。

Q 當我坐著的時候，感覺膝蓋很僵硬。我該不該調整姿勢，或者是不管它，繼續關注呼吸？

A 首先，確定你的坐姿並不會拉扯到肌肉。如果這種不舒服的感覺越來越干擾你，你就應該改變姿勢，或許換另外一種完全不同的坐姿試試看。也許你是因爲採取了不熟悉的新姿勢而感到不舒服。最常見的狀況是，冥想初學者靜靜地坐著時，突然會感受到一直都有的疼痛和刺痛，而這些是你日常生活很忙、活動量很大時不會注意到的。同樣地，深藏在你體內的壓力，也會在你清除腦中的雜念和專注在身體感覺的時刻，浮現出來。如果你發現自己正在跟疼痛搏鬥，對它恨得牙癢癢的，那麼最好改變你的姿勢，並且好像在準備一回新的靜坐般地重新開始。

內化：專注的靜心冥想，感覺起來該是什麼？

靜心冥想是一個微觀的小宇宙、一種模範和一面鏡子。我們靜坐時所練習的技巧，可以帶進日常生活中。在第一週課程裡，我們運用「專注」這個工具來穩定心智，並且讓自己全神貫注地跟隨著呼吸，我們變得可以察覺念頭、感覺和感受。我們注意到它們，放掉它們，但不會被它們壓制。我們不閃避也不忽視它們（我們在繁忙的日常生活中可能就會閃避和忽視它們），更不苛責自己產生了這些念頭。這樣微小的動作可能會造成大大的迴響。

老派的概念認爲，如果我們可以數呼吸到第五十次而不讓注意力跑掉，就叫成功的靜心。但是在靜心的過程中，成功看起來和感覺起來應該是：

我們學習如何停留在此時此刻

當我們跟隨呼吸時，我們的注意力會亂跑；我們重整旗鼓，再度回到當下的呼吸上（請注意，不是剛剛離開我們的那一次呼吸，或是即將到來的那一次呼吸）。

幾秒鐘後，也許我們心神合一，完全回到呼吸上面。現在我們有了一個樣板，讓我們知道完全專注在當下是什麼樣的感覺。

有一個學生告訴我：「有一次我去布萊斯峽谷健行度假，第一天我想到離開這裡後又要回去面對工作，這是多麼討厭的一件事啊！從頭到尾，我腦中都縈繞著哀悼即將結束的假期這樣的想法，直到旅程結束，我竟然未能好好打量這個我最愛的地方——我等於在度假的時候就回到辦公室了。後來我想到是自己過度焦慮後（我甚至對自己說：「思考、思考」），就將之放掉。我告訴自己重頭開始，並且安住在我所在的地方，這是一個比未來好太多的地方。在我開始靜心之前，我的思緒已經飛過了千山萬水，並且錯過了我正在過的假期，因爲我早已醞釀回家的念頭了。」

我們練習放掉評斷

作爲一位靜心冥想的初學者，一定多多少少會評斷自己在執行這項新任務時的表現：我的呼吸不夠好，不夠深，不夠寬，不夠細緻，不夠清晰。我發現我在呼吸這麼簡單的動作上，放進了太多自我的宣言與個人的投射。回歸關注呼吸，不斷地放掉這些評斷，對自己多點慈悲。

我們開始覺察到一個平靜而穩定的中心，讓生活動盪不安的我們，找到安身立命之道

你越是能專注在呼吸上，就越能感受到深深的平靜和安寧。當你的心智拋開過度思考、杞人憂天和自我批判時，你會感到自己找到了避難所。你找到一個安全的容身之處，那個容身之處就在你內心深處。

一位靜心的學生描述她在停止全職工作、待在家裡照顧患了失智症的年邁母親時，觸及了那個中心。她說，即使有先生和孩子的幫助，她的工作量還是大到無法負荷和悲慘無比。幾個月後，她感到絕望和筋疲力竭。「我們沒錢送媽媽去照顧品質高的療養院，而且因爲她的身體狀況還好，我推斷這樣的情形還要維持好多年。

我無法想像這種耗費精力和體力、讓人不由自主的狀況還要維持多久。我感覺麻痺和些許歇斯底里。但是我都不去想這些了，我開始把以前學到的跟隨呼吸拿出來用，我光是想我下一步要做什麼就好了。我沒有想到我母親還會活幾年，只想到我下一步、下一刻要幫她做什麼。只看眼前的那一刻，這是我做得到的。我也提醒自己，如果我有了嫌惡或沮喪的感覺，這並不表示我是個壞人。在我知道自己總是可以停下來靜一靜，從呼吸中找到平靜和力量後，就感覺好多了。我知道我想要爲我母親這樣做，而我也知道自己做得到。」

我們變得更能體恤自己

每次分心後，我們不會責怪自己，就只是重頭開始，我們在練習的是慈悲。靜心教導我們對自己溫柔，並且有能力原諒自己的錯誤，然後繼續往前行。

真正的平靜會帶來新的能量

由專注產生的內在安寧並不是被動的或懶散的；同樣地，它也不是從遠距離冷眼旁觀你的經驗——它是活生生的和有生命力的。它產生一種攙雜著能量、警覺和趣味的平靜。你可以跟發生在生命中的每件事情產生連結，一方面對它有著鮮明的覺察，一方面又很放鬆。有人告訴我，他們很驚訝，每天只要練習二十分鐘，就會發生這樣的改變。

一位在一家食品雜貨店擔任生產經理的靜心初學者告訴我：「儘管剛開始我根本不能保持清醒，經過一個月的靜心之後，我感覺精力更爲充沛。我想，那是因爲我每次總有千頭萬緒的想法，剛起頭就有一堆計畫，但卻從來沒有對任何一項計畫全心全意地投入，我那時並不知道這樣會有多麼累人。同樣地，爲了想要掩埋憤怒和挫折，我不但不去感受情緒，反而把情緒撇得老遠，造成自己內傷。我一點一點地停止再這樣做，因爲靜心的指導原則就是不要評斷自己。也許這就是我爲什麼不再感覺那麼疲倦的原因之一了。」

我們變得更有自信

因爲這個內在的安靜和能量完全發自內心，而且不必仰賴另外一個人或是一個特殊的狀況，我們開始感受到活得美好和活得安心，因爲我們既足智多謀又獨立大方。我們看出圓滿的感覺不假外求。這樣安靜而穩定的力量，有種無法言傳的快樂。

第二週

正念和身體：放掉包袱

別總是嚴厲的批判自己

發展專注力可以穩定我們的注意力。我們接下來要發展的技巧就是正念，它讓注意力釋放掉可能連我們自己也不知道的包袱。

我的靜心老師第一次鼓勵我做正念練習時，讓我有了一個大發現。所謂的正念練習，就是注意當下萌生的想法和念頭，但卻故意不加以評斷。當我把注意力聚焦在靜坐時的每一次呼吸、每一個念頭、情緒或是身體知覺上的時候，我開始注意到，跟隨每一次經驗會有兩件事情發生：第一個是眞正的經驗；第二個是基於我一輩子發展來的習慣性反應，一些我自動附加上去的東西。

我的膝蓋讓我首次觀察到這樣的狀況。我的老師鼓勵學生在靜坐時保持不動，而我卻總是動來動去。我的膝蓋痛，背也疼。我越是想靜靜地坐著，就越會動來動去地「喬」姿勢。最後我終於明白，我動來動去並不是因爲膝蓋或背部有多痛，而是因爲一旦我感覺到一點點的不舒服，就會開始想：十分鐘後會不會更不舒服？二十分鐘後不是就更無法忍受？我快要受不了了。所以，我換姿勢的動機不是因爲當下的不舒服，而是預期會疼痛。我想像的疼痛，一分鐘一分鐘地、一小時一小時地、一年一年地加強，直到我感覺它變成了對任何人來說都難以負荷的包袱。然後我轉過頭來自我評斷：你為什麼要動來動去？你可以不必動來動去的。你總是第一個動的。

我的專注受到動來動去的干擾，只持續了三十秒左右，但是焦慮地想像未來，然後釋放出種種責難，卻增加了另外十分鐘對心智的折磨。直到我得知該如何找出這些額外的負擔——也就是我傾向嚴厲地指責自己，並且會把暫時的感受擴大爲將來永遠的痛苦——它們阻擋在我與直接的經驗之間：我現在覺得膝蓋痛，而不是未來一個小時膝蓋痛，它一陣陣地，像被針刺到一樣。現在有點痙攣，在兩次疼痛之間還有一點空檔……我能不能現在就處理它們？是的，我可以。只有直接經驗才能給我們需要的重要資訊，知道現在眞正發生了什麼事情。

被稱爲是「聰明的注意力」的正念，幫助我們看清我們在經驗中，增添了哪些包袱。這些包袱不僅出現在靜心的時刻，也出現在別的地方。這些多餘的負擔，也許會以投射到未來的形式出現（我的脖子痛，我應該會永遠都這麼痛），以意料之中的結果的形式出現（我找不到理由要求加薪），以放棄結論的形式出現（想要求加薪根本沒轍），以僵化觀念的形式出現（你不是贊成我，就是反對我），以未受檢驗的習慣的形式出現（感到緊張時，你會抓起餅乾來吃），或是以聯想的形式出現（你呵斥女兒，而後跳躍式地想到自己童年的問題，並且武斷地認為你就像是你媽）。我並不是說要拋掉觀念或是聯想，這是不可能也是缺乏吸引力的一件事。有時，聯想會導致創造性的問題解決方式或者藝術作品。但是我們希望在做某件事情的時候，認清我們在做什麼，並且可以去掉包袱，看出我們的直接經驗，從而知道自己要不要去留心它們。也許加不加薪並不是你想像的那麼絕望。除非你從工作狀況中未經修飾的事實區分出有條件的假設（我從來都得不到我想要的），否則你不會知道到底有沒有理由要求加薪。

接近自己的身體，能夠幫助我們熟悉正念的運作方式。藉由研究身體的感覺，我們可以學到時時刻刻活在當下，並且認清直接經驗和我們加諸其上的包袱的差別。下一週，我們將把正念這項工具帶到情緒和思考上面。

我跟同事約瑟夫．葛斯坦在一次閉關授課中，共同看到一個有關包袱的最佳案例。當我們坐下來喝茶時，一個看起來很苦惱的學生跑進來對我們說：「剛剛發生了一件很可怕的事情。」約瑟夫問：「怎麼了？」那名男子說，「我正在靜心時，發現到下巴部位很緊，我看出自己是多麼暴躁的一個人。我一直都很暴躁，我以後也改不了了。」

「你是說你感覺下巴有點緊。」約瑟夫說。那名男子說，「是的，我一直沒辦法跟任何人親近，我大概會孤單地老死了。」

「你是說你感覺下巴有點緊。」約瑟夫說。我看著那名男子繼續叨叨絮絮地以同樣的思維抱怨，就只因爲他的下巴痛。直到約瑟夫終於對他說，「你不過是正在經歷疼痛，爲什麼要把可怕的自我形象加進去呢？」

我想，你一定知道下巴疼痛是什麼樣的感覺。我們都曾有過宣稱自己是輸家，或是因爲一閃而過的感覺或念頭而預言自己下場會很悽慘的經驗。典型的思路是這樣的：我彎腰繫鞋帶，無意中扯到背部的一條肌肉。完蛋了，我想。現在一切都沒轍了。（約瑟夫會說，「你是說你拉傷了背。」）

課前準備：認識正念

本週的正念練習是一堂身體掃描、一堂行走靜心和一堂身體感覺靜心，這三堂較短的靜心，根源於每日的經驗，會幫助我們更為安住在自己的身體裡，也跟自己的身體更為和諧。它們不但讓我們進一步了解經驗時時刻刻都在改變，也會幫助我們發現自己妄加的包袱。

譬如在身體感覺靜心中，我們會運用正念來觀察我們傾向自動依附愉悅的經驗，並且擺脫不愉悅經驗的方式。我們很自然地會用五感來體驗我們的所想和所感，並將之分為愉快的、不悅的和不好不壞的三種經驗。不管我們是正在享受照射在臉上的陽光、聽到羞辱我們的話、聽到音樂、聞到烹煮晚餐的味道、或者感覺到一陣憤怒，所有的經驗都可以分為上述三種，這就是人類的正常反應。

第二週練習重點

在第二週當中，增加第四天的練習，這個練習至少要持續二十分鐘。請試著把行走靜心和靜坐結合起來。如果你在晚間做靜心時會覺得特別的坐立不安或是昏昏欲睡，也許你可以改成行走靜心以平衡能量。

也許你在辦公室坐了一整天或是用腦一整天之後，只想要回歸自己的身體。

儘管本週的靜心以專注在呼吸上作為開始，正如第一週一樣，或者是把呼吸當作可以讓我們回歸原點的錨，但是呼吸並非本週靜心的主要焦點。有的靜心課程甚至不包含覺察呼吸，呼吸不過是訓練專注力的工具之一。在這個二十八天的靜心冥想入門計畫中，我的目標是對各位概述各種不同的靜心方式和技巧。

當感受到愉悅的經驗時，我們受制約的傾向會試著想留住它，不讓它離去。不過，這是不可能的事情。「唯有變是恆久不變的事情。」希臘哲學家赫拉克利圖斯

（Heraclitus）如是說。我們期待永久，但是在已知的宇宙當中，諸如想法、天氣、人和銀河都是短暫的。這是事實，但我們卻抗拒這個事實。正念允許我們在不畫蛇添足的狀況下，享受愉悅的經驗。所謂的畫蛇添足，就是緊緊抓住愉悅的經驗，生怕它改變。事實上，我們往往因爲滿腦子想著要留住愉悅的經驗，反而沒辦法享受它存在的那一刻。

我記得當一位從未來過東岸的加州朋友，計畫秋天要來新英格蘭走走的時候，我跟正念脫鉤了。我既焦慮又擔心地期待她的來臨，生恐五顏六色、絢爛美麗的秋葉沒法爲她駐留。但願她來的時候，秋天還是這麼漂亮，我想。如果葉子紛紛飄落，變成褐色且乾枯，那麼她這頭一遭的秋季之旅不是會很失望嗎？結果，後來她根本無法成行。當我知道她不能來了之後，心想，那好，我現在終於能放心地看著大自然的變化了。顯然，想要留住樹上五彩繽紛的葉子是個很誘人的想法，我滿心焦慮地唯恐它們掉落，卻錯失了它們在我面前最絢爛的時刻。

換言之，如果一種經驗、想法或感覺是痛苦的，我們會遠離它或是把它推開。

譬如說我們的身體有一個地方會痛，我們或許就會感覺全身都很緊繃，彷彿很怕會有更不舒服的感覺來到。如此一來，我們對疼痛的嫌惡，讓我們在最初的不舒服之上，又增加了壓力和緊繃。或者我們也許把疼痛想成天大的麻煩，並且不斷地批判和責備自己（**這都是我的錯。我怕我會永遠就這樣痛下去**）。

諷刺的是，我們對那個讓我們有反應的疼痛，可能所知不多，因爲我們不假思索地想叫它快點滾開，卻反而讓它越演越烈。我們必須明白的是，身體疼痛和心靈受折磨之間有很大的區別。我們會感覺身體疼痛，但是卻沒有必要再加上它對心靈的折磨，好比恐懼，設想將來或是其他的苦惱。正念在轉化我們疼痛和其他困難的經驗時，可以扮演一個很重要的角色；它讓我們認清沮喪的確實感受，但卻不會讓我們被沮喪打倒。

如果經驗是不好不壞的、平淡的，我們就傾向於切割它或是忽視它。我們的面前是一片迷霧，我們只相信自己的腦子，因而忽視了許多可能豐富我們生活的瞬間。我們匆匆忙忙地度過尋常的一天，以致錯過了可以滋養和支撐我們的那些顯得不夠喧囂的快樂時刻。有些人也許認爲我們需要一點戲劇性（不管好壞都行），或是一點腎上腺素來喚醒我們，好讓我們感覺自己是活著的；我們對危險和強烈的刺激上了癮。

我們看不出眼前瞬間的原貌（因爲我們擔心如果它是好的，就會結束得太快；如果它是壞的，就會縈繞不去；如果它是不好不壞的，就太平淡枯燥了），以致失去了平衡。而正念可以恢復平衡。我們可以用正念觀察到我們緊握不放、怪罪和排除的習慣性反應，然後放掉它。

冥想操⑤ 身體掃描靜心

以一個舒服的姿勢躺下，雙臂放在身體兩側，閉上眼睛，如同第一週核心靜心所說的自然地呼吸。你將從頭到腳掃描整個身體，並且以此當作全神貫注的方式，這也是提醒自己安住在身體之內的方法。開頭時，先感覺地板（或是床或沙發）撐住了你。請放鬆，並把自己交給支撐身體的東西。把注意力放在背部，當你感到有一個點出現緊張或抗拒的感覺時，深呼吸，放鬆自己。

如果在做身體掃描時，你覺察到一種愉悅的感受，你可能會想要緊抓住這種感覺不放。如果是這樣，放鬆，開放自己，看看你有沒有本事在不貪求的情況下跟這種愉悅的感覺共處。如果你覺察到一種疼痛的感受，你可能會反射性地想要推開它，你也許會對它感到憤怒或害怕。如果你發現任何這樣的感覺，試試看自己能不能放掉它。回到當下的直接經驗，也就是覺察疼痛或愉悅的眞實感受是什麼？直接地感受它，不要帶著闡釋和評斷的意味。

把注意力帶到頭頂，然後單純去感受頭頂有什麼樣的覺受，是刺刺的、癢癢的，還是在跳動。也許你並沒有查覺到任何感覺。

慢慢地把注意力移到臉部，覺察你的所有感受，是緊繃、放鬆，還是緊張。不管是愉悅的、不悅的，還是不好不壞的，你的額頭、鼻子、嘴唇和雙頰有著什麼樣的感受。你的下巴是闔上的還是鬆開的？

把注意力轉向眼睛，感覺眼皮的重量，眼珠在眼眶中的移動，睫毛的搧動。感覺你的唇，肌膚碰肌膚的輕微壓力、柔軟、濕潤、清涼。你不必指明它們每一個，只消去感受它們。如果可以，試著走出譬如「眼皮」或「嘴唇」等概念的世界，進入譬如「親密」、「即刻」、「活生生的」、「變幻不定」等的直接感受。讓注意力回到頭頂，然後把注意力挪到後腦勺至頭顱骨的曲線上。注意你的頭部，有沒有任何打結或是疼痛的部位？

再度回到頭頂，然後將注意力往下移到頭部的兩側，感覺耳朵、脖子兩側、肩頭。你不必評斷感覺，或是便宜行事來換取別的東西；只要感覺它們就夠了。

慢慢地把感覺往下延伸到上臂，感覺手肘和前臂。讓注意力停留在雙手上一會兒，感覺手掌和手臂，並且看看你能不能感覺到每根手指和指尖。

現在，請把注意力移回到脖子和喉嚨，然後慢慢往下到胸部，注意你有什麼特別的感受。繼續讓注意力往下延伸到肋骨和腹部。你應該帶著溫柔、包容的情緒來覺察身體；你並沒有特別想要找什麼，你只是將自己開放給任何發現到的感覺。你什麼都不必做，只要注意到它們就夠了。

回到對脖子的注意，現在讓你的覺察走到身體的背面：背脊、上背部和下背部。你可能會感到僵硬、緊張、不協調和顫抖，不管是什麼樣的感覺，只要去注意它就可以了。

現在再把注意力放在骨盆上，看看你有什麼感覺。慢慢沿著大腿、膝蓋、小腿一路往下去感覺，一直到腳踝，並把注意力放在雙腳上。

當你感覺好了的時候，張開眼睛。

當你結束靜心時，看看你在做日常工作時，是否能繼續感受這個世界的瞬息萬變。

冥想操⑥ 行走靜心*

從字面上來看，行走靜心是一種靠著一步一步地走路來學習正念，並且把正念

*請聆聽線上音檔，英文第4、5首，或者中文第13、14首。

帶入日常生活中很棒的方法。它成為一個模式、一座橋樑，幫助我們以正念看待一天中進行的所有活動。

行走靜心的本質是把正念帶入通常我們以機械反應去做的事情。我們常常以自動導航的方式，匆匆忙忙地從一個地方去到另外一個地方——也許是因為我們期待的一場浪漫約會，或者是我們知道開會快遲到了；也許是我們盤算著要找什麼樣的藉口，想像別人會說些什麼，我們又會有什麼樣的反應。我們深陷在故事之中，以致忽略了旅途。因此在這樣的靜心中，我們要擺脫掉故事，把注意力放在最基本的東西上，也就是我們的身體在空間中移動的感覺。

在第一週的核心靜心中，你只需著眼於專心呼吸；在這一週，你必須把注意力放在抬腿前進，然後把腳踏在地上時的感覺上。大部分的時間，我們是清醒的，知道自己是誰，知覺在我們腦中，有時在我們的眼底。但是在行走靜心中，我們要由腳當家作主。試著感覺你的雙腳，不是你由上往下看著它們，而是它們由下往上看著你，彷彿你的意識是由地上生出來的。

你可以在室內或室外練習。請確定你有足夠的空間至少可以走二十步，走了二十步之後再往回走。你可以在室外進行行走靜心，這樣一來你就不必折返了。行走時，眼睛睜開，即便你的焦點放在移動時身體的感覺上，你還是要充分覺察自己周遭。

現在，開始行走靜心。請舒服地站著，眼睛張開，看著你所選擇的路的開端。雙腳打開與肩同寬，身體的重量平均分散在雙腳。雙臂以最舒服、最自然的姿勢垂放在身體兩側，或者也可以雙手輕輕握拳放在背後或前面。

現在，把你的注意力放在腳上。注意雙腳的前端：腳趾，看看你是否能感受每根腳趾。如果你穿著鞋子的話，覺察你的腳和鞋子接觸時的感覺，接下來感覺腳和地板或是地表接觸時的感覺。你感到沉重、輕柔或是堅硬嗎？是滑順還是粗糙？你感到輕輕地接觸到地板或是重重地觸礁？敞開自己來接受腳和地板或地表接觸時的感覺，什麼樣的感覺都行。放掉有關腳和腿的概念，單單感覺它們就好了。

請仍舊舒服地站著，開始慢慢將重量轉移到左腳。在重新分配體重時，注意每一個細微的身體變化，譬如平衡的改變、肌肉伸展的方式、腳踝的嘎吱作響。也許因為承擔體重的關係，左腿還會有點顫抖，你的腿可能感覺不夠力或很有力。慢慢地並且小心地將重心移回中間，重量平均分配在兩條腿上。接下來，將你的重量轉移到右腿和右腳。在做這樣的調整時，再一次注意你身體的感受，覺察承載重量的右腿和左腿之間不同的感覺。

慢慢地回到中間，自在地站一下子。

現在你要開始走路了，用你剛剛練習過的刻意移動和輕柔的注意力轉換重量。保持放鬆，但是不要失去警覺和寬容。用正常的速度行走，專心注意雙腿和雙腳的移動。注意你可以全神貫注在雙腳接觸地面時的感覺，同時也不要放過身邊的景色和聲音。我們要輕輕地注意行走時的感覺，而不是緊緊地只關注這一個動作。感覺對我們來說就像是一個試金石。你可以在心中默念「**碰觸，碰觸**」。

幾分鐘後，看看自己有沒有辦法走慢一點，然後覺察提起腳跟時是什麼樣的感受，抬起全腳時又是什麼感受；你抬起腿往前進、然後用腳踏在地上時，是什麼樣的感受。每一次腳抬起來和踏在地上時，在心裡默念「**抬，放；抬，放**」或是

「上，下；上，下」來穩住你的注意力。

如果你是在室外，也許會發現身旁的行人、陽光和陰影的跳動，以及狗叫聲會干擾到你。那也沒關係，只要回到專注於雙腳踏在地上的感覺就好了。當你注意到自己的思緒跑掉了，就再把注意力放回踏步這個行動的感覺上就行了。注意當你認出自己分心的那一刻，你已經準備好要重新開始覺察自己了。

幾分鐘後，將走路的速度再放慢一點，把一個步伐分成三個部分：**抬起，移動，落下**，或**抬起，往前，放下**。在抬起另一隻腳之前，把前一步做到滿，看看你能不能察覺到跨步時每一個分解動作的感覺：抬起腳跟，抬起整隻腳，把腿伸出去，把腳踏在地上；感覺觸地的感受，感覺換邊的感受，感覺提起另外一個腳跟的感受，然後再重複一次這個過程。這種慢慢行走的節奏，跟我們一般行走的節奏大不相同，你可能需要一段時間適應這個新的步調和節拍：抬起，移動，落下和停頓。完成之後再把後腳提起。

儘管你把注意力放在雙腳與雙腿上，或許你偶爾也會想檢查身體其他部位的感覺。開始覺察腿部、臀部、背部的感覺，像是緊繃的感覺或是僵硬、流動的感覺。不過沒有必要指出它們的名稱，只要感覺它們就夠了。然後回到你的雙腳和雙腿的感覺上，去感受腳觸及地面時的微微彈力，以及地面托住你的安全感。

不斷地注意**抬起，移動，落下**，你輕柔而優雅地移動著，彷彿慢慢走是在練習武術，或是一種舞步。抬起，移動，落下；抬起，移動，落下……，認眞地感受你當下這一刻的經驗。

行走靜心的初學者也許會感到有點搖搖晃晃——你移動得越慢，就越能覺察到雙腳，因此就越容易感覺不平衡。如果發生這種狀況，請把速度加快一點。如果你開始想東想西，或是感受不到身體的感覺，那麼也請加快速度。當你恢復專注時，就請再度慢下來。試試各種步調，直到找出可以讓你專心感受走路的最恰當步調，也就是最能讓你保持正念的步調。

差不多走了二十分鐘之後，請停下來站在原地。注意你踩在地板上或地上的那一點有著什麼樣的感覺，然後再納入你所看到和聽見的周遭狀況。溫柔地結束這一節的靜心。

別忘了在接下來的任何一個時間和地點，都可以將正念帶入行動中，譬如站著、坐著、走路、爬樓梯、轉身、接電話、吃飯時舉起叉子或打開大門的時候，都可以察覺你的身體有什麼樣的覺受。

試試這個技巧

若不方便行走，還有其他方式

如果不便行走，你可以在不必實際走路的狀況下做這個靜心。你可以坐下（如果你臥病無法起床，也可以躺著），專心覺察身體的另一部分，譬如上下移動你的手；如果你坐輪椅，請感覺輪子轉動的感覺。

當線上音檔的指示要求你從容地慢下來的時候，請將注意力放在雙腿和腳上；如果你用的是身體的其他部分，也請把注意力放在這些部位上。

冥想操⑦ 身體感覺靜心

舒服地坐在地板上，雙腿交盤，背脊挺直，或是仰躺著，雙臂平放在身體兩側，雙眼是睜是閉均可。

從聽覺開始：覺察所有聽得到的聲音，讓它們來來去去，不必多做什麼事情。

現在，用同樣放鬆和開放的覺察來對待呼吸，覺察呼吸在感官中最明顯的部位，不管是鼻孔、胸腔或腹部的感覺都好。如果可以，不妨在心中默念吸入和呼出——**「進，出」**，或**「起，落」**。

除非有一種身體的感覺強烈到足以讓你分心，否則請將呼吸當成這次覺察的主要目標。如果發生了分心的狀況，與其費力地排除它，不如放掉對呼吸的覺察，讓注意力完全放在吸引你的身體感覺上，把它當作靜心的新目標。

不管是痛苦還是愉悅的感覺，如果你覺得默誦有幫助的話，就請這麼做，譬如：溫暖的，冷酷的，焦躁的，發癢的，輕鬆的。沒有必要找到最恰當的字眼，只要協助你的心智跟實際的體驗直接接觸就夠了。這並不是試圖控制你對身體的感覺，也不是嘗試著改變這些感覺。你只是順著這些感覺，讓它們來來去去，並且在你覺得有用的狀況下標記它們罷了。

如果吸引你注意力的是愉悅的感覺，譬如經年爲疼痛所苦的腿部，突然出現美妙的輕鬆感，或者升起一種平靜的輕盈感，你可能會有股衝動想留住這樣的感覺，讓它延續下去。如果發生這樣的狀況，請放鬆，敞開心胸，看看自己可不可以在不執著的情況下，體驗這樣的愉悅。觀察這種感覺，當它離開的時候，讓它走。

如果心中升起的感覺是不悅的或是痛苦的，你可能會反射性地想要把它推開。你會覺得困擾或害怕；你會覺得焦慮或緊張。注意這些反應，看看你能不能夠回歸到直接的經驗。不要管你的反應，看看你實際的經驗到底是什麼？

如果你感覺到的是痛苦，仔細地觀察它，看看是哪個部分感受到痛苦？還是感到痛苦的不止一處？你會如何形容它？儘管剛開始，痛苦似乎像是塊磐石般地龐大和牢不可破，但是當我們認眞觀察，它似乎不只是單一的一件事。也許它是由瞬間的絞痛感、瞬間的灼熱感、瞬間的壓力感、瞬間的刺痛感等各種感覺所組成。我們在觀察它的時候，痛苦是否會變強或減弱？它有沒有裂開，有沒有消失，有沒有間歇性地回來？絞痛和刺痛之間還發生了什麼？如果我們可以查出痛苦的個別元素，就可以看清楚痛苦並不是堅若磐石般無法穿刺和永久不變的；反之，痛苦是不斷在變化的，而在一陣陣的疼痛之間，還是有讓人喘息的空間存在。

看看你能不能把專注的範圍，縮小在其中一個微小的細節上。與其概括承受偷襲你的每一種感覺，不如緊盯著痛苦最劇烈的一個點。觀察它，看看你觀察它的時候，它有沒有改變。如果列舉這些變化對你有幫助的話，就請默默地列舉這些改變。此時此刻眞實狀況到底爲何？你能分清痛苦的感覺和你加諸其上被制約的反應（諸如對抗，擔心將來還需忍受同樣的痛苦，或是埋怨自己爲什麼會有這種痛苦等等）嗎？

如果出現煩惱的想法讓你分心，放掉它。如果是一種情緒，集中注意力在它的生理特性，而不要去解釋它或評定它。你身體的哪一個部位感受到它？它如何影響或改變你的身體？身體感覺是愉悅的還是痛苦的？請繼續直截了當地觀察它。

不要毫不間斷地觀察痛苦的感覺太久，要不斷地讓注意力回歸到呼吸上。別忘了，如果遇到非常具有挑戰性的事情時，呼吸總是一個可以讓你找到慰藉的地方，就像是回到總部一樣。

讓你的注意力隨著聽覺、呼吸以及身體感覺移動。不管它要找的是什麼，都請保持正念的開放、放鬆、寬闊和自由。如果覺察到身體感覺特別強，請短暫地審視身體的其他部位。你是否收縮了有疼痛感部位的肌肉呢？你是否爲了保住愉悅的感覺而繃緊自己的身體，不讓愉悅的感覺消失呢？

如果是上述兩種情況中的任何一個，都請深深吸一口氣，放鬆身體和心靈。疼痛很頑強，但它一定會離開；愉悅很美妙，但它也一定會離開。你不能緊抱著愉悅不放，也不能阻止疼痛不讓它來，但你可以覺察它們。當我們實行正念的時候，我們並不是想讓正在發生的事情變得更好，也不是想要拿它交換另一種經驗，我們只是讓心智停留在任何抓住我們注意力的東西上面。

溫柔地結束靜心。請看看你能不能在下半天裡，專心注意自己體內的感覺，直接體驗那種無常感。放下你正在做的事情，開始覺察你的身體，一天做個幾次，看看哪個感覺居主導位置。在從事日常活動時，試著取得直接的身體經驗和觸感經驗，譬如感覺手中握著的水杯那冷冷硬硬的感覺；當你在掃地時，感覺手臂肌肉用力的感覺，背部和頸部肌肉拉扯的感覺。

冥想操⑧ 日常活動靜心

有位朋友告訴我，他決定要用刷牙來練習正念——他要慢慢刷牙，並且要以全神貫注，取代以往漫不經心像機械般地去做的每一個步驟。他說自己注意到的第一件事情，是自己把牙刷握得很緊，彷彿握著一個生怕會蹦出去的手提鑽孔機。他認爲這是一個有用的線索，顯示出他在做別的事情時，像是鋪床的手法或是支撐身體躺下來睡覺的時候，可能也用了不當的力量和能量。

見微知著，我們往往可以從觀察一件事情中學到教訓，然後將這個教訓運用在生活中所有的事情上。看看你能不能用日常例行公事的一部分當作靜心冥想的工具，認眞踏實地活在那一刻，注意你實際的經驗，更加了解自己，更能享受單純的愉悅，或者是看看你能不能更有技巧地著手處理一項工作。

選擇一個時間很短的日常活動，一個你也許已做了千百次卻都對它漫不經心的活動，這一次請全神貫注地覺察它，**故意關注它**。以下是幾個你可以嘗試的正念練習。

冥想操⑨ 喝茶靜心

我們在一天當中，有多少次是毫無覺知地在執行一個動作？當我們在看報的同時，還會一邊看電子郵件，一邊跟人講話，一邊聽收音機，一邊喝茶，那麼那杯茶到底是什麼滋味呢？在本次練習中，我們嘗試更爲投入喝一杯茶這項活動的每一個細節。請拋開所有讓人分心的事情，爲自己倒一杯茶。也許你也想讓泡茶變成一種靜心的儀式。

徐徐地將水注入茶壺中，聆聽水位漸漸升高時水聲音調的改變、水燒開時泡泡沸騰的聲音、蒸氣的嘶嘶聲，以及壺體發出的哨音。將茶浸入壺中時，吸進芬芳的煙霧。感覺壺身的重量，以及杯子順暢地接納茶水的感覺。

當你觸摸到杯子時，繼續靜心。觀察杯子的顏色和形狀，以及茶水注入茶杯之後，茶水顏色的變化。雙手握著杯子，感覺它的溫暖。當你舉起杯子時，感覺你的手和前臂微微地施力。當你舉起杯子時，傾聽水輕輕晃動的聲音。吸進芬芳的蒸氣，體驗嘴唇下滑順的杯口、撲面而來的蒸氣，以及唇舌接觸到第一口茶時，是溫暖的感覺，還是稍稍被燙到的感覺？品嚐茶湯時，你覺察到幾種層次的滋味？注意舌尖上碎茶渣的感覺，吞嚥茶水的感覺，茶水滑落入喉嚨間熱熱的感覺。感覺你靠近杯子呼氣，製造出小小的煙霧。感覺自己把杯子放下。請專注於喝茶的每一個細微步驟。

試試這個技巧

用慢動作做一件事情

用戲劇化的方式，放慢你手邊正在做的事情以重整注意力，或是將注意力帶往新的高峰。如果你在吃午餐，請感受食物在舌頭上的感覺，或是牙齒在咀嚼時感到的壓力，感受拿著叉子或湯匙的感覺，感受把食物送到嘴邊時手臂的動作。在你匆忙度日的時候，也許會對這些組成動作的特殊元素視而不見。

試著在洗碗時慢下來，將覺察帶進過程中的每一個環節，譬如注水儲滿水槽，擠出洗碗精，抹拭碗盤，浸泡碗盤，摩擦，清洗，擦乾。不要急，不要匆忙帶過一個個步驟，要專注於細節上的感覺，看看你在洗一件東西時，可不可以全神貫注地活在當下。你感覺平靜嗎？枯燥嗎？注意你來來去去的情緒，譬如不耐煩、擔心、嫌惡、滿足等等。不管產生了哪一種想法或感覺，試著用輕柔的認知與它們相逢——現在正在發生這些事情，一切都很平順。

你或許會發現心中浮現許多評判：我選錯茶了。我喝太多茶了。我沒給自己太多的時間享受喝茶。我應該去處理帳單，而不是在這裡喝茶。我的茶壺是不是快要空了？注意這些想法，放掉它們，單純地回歸到此刻在你面前展開的直接經驗。就是現在；就是喝茶而已。

第二週的省思

有些首度嘗試行走靜心的人，必須一直往下看才能感覺到自己的雙腳。行走靜心練習的目的在於讓我們放輕鬆，跟自己的身體感覺緊密結合，這樣一來，我們才不會像詹姆斯．喬伊斯（James Joyce）的短篇小說〈憾事一樁〉（A Painful Case，編註：收錄於《都柏林人》一書中）中，靈肉完全分離的達菲先生（Mr. Duffy）一樣，「過著麻木不仁的生活」。一邊深思、一邊緩慢地踱著步子走，讓我們對自己的身體產生新鮮、即刻的經驗——不是謠傳說雙腳如何，或是我們記憶中雙腳的感覺，而是那個當下雙腳的感受。這種靜心能夠幫助我們將正念的行動帶入日常生活中。

身體感覺靜心提供了一個方法，讓我們看到身體直接經驗跟習慣性受到制約包袱限制的經驗，兩者有何差別。這種靜心方式在我們學習讓感覺自然而然地浮現和消逝，不執著、不責備，也不會依依不捨的時刻，對我們最有用。上述三種制約性的反應會剝奪讓我們獲得眞正快樂的許多機會。

有多少次，明明在我們面前的美好時光，就因爲我們煩惱它快要消失而受到荼毒？我想到有一位新手媽媽告訴我，她對於寶寶終將長大離她而去，感到非常的依依不捨。她很擔心以後再也看不到可愛的孩子躺在她的臂彎裡。有多少次，我們爲了逃避痛苦而不敢接受挑戰，從而失去了自助助人的機會？殊不知，甜蜜的滋味正是來自苦樂參半的過程。又有多少次，只因爲我們需要巨大、強烈的感官感受好讓自己有活著的感覺，而讓愉悅從我們身邊溜走？

正念可以讓我們全神貫注地經驗此時此刻，也就是梭羅所說的「盛開的當下」，並且讓我們保持中立的清醒，這樣，我們就不會錯過任何一個豐盛的小小片刻，這些小小的片刻累積起來就構成了我們的人生。

身體感覺靜心對指引我們以正念的方式對待疼痛，也特別有幫助。它讓我們跟當下疼痛的經驗共處，但卻免除了想像出來的附加苦惱和困難。如果我們仔細觀察，疼痛最終是會改變的，就像是頭痛和心痛一樣：不舒服的感覺來來去去，在難受的感覺中會有一陣陣地間歇。當我們以第一手經驗發現疼痛並不是靜止的，而是活生生的、會改變的系統後，我們就會明白，它不像我們最初以爲的那麼牢不可破和堅不可摧了。

我們不能避免疼痛，但是我們可以轉變自己對疼痛的反應。我的一個學生運用身體感覺靜心，對付被診斷爲萊姆病的頑強長期疼痛。她一次又一次地將覺察回歸到此刻正在經歷的感覺，也就是當下的覺受上。她觀察自己的疼痛，她說，疼痛像潮水一樣會一湧而上和逐漸消退，它的部位、它經過的路線、它的形狀和紋理，有時候像脈搏般地跳動，有時是輻射般四散的疼痛，有時又曲曲折折如一道道的閃電。她仔細觀察疼痛，發現她的疼痛就像世界上的萬事萬物一樣，都是會改變的。

她發現，疼痛中有可以讓她喘口氣、讓她撐過去的片刻。她終究沒能擺脫疼痛，但是她告訴我，「我找到了疼痛中間的空檔。」

這一點引起了科學界的興趣：研究員已經發現，對某些人來說，靜心事實上會減少對疼痛的知覺。二〇一〇年，英國科學家發現，長期靜心冥想的人，似乎比其他人擅於應付疼痛，因爲他們的腦部比較不容易時時刻刻預期疼痛的到來。科學家先利用雷射造成受測者疼痛，接下來掃描他們的腦部。結果顯示，資深靜心者的腦部預期疼痛時，通常會開始活動的區域，活動性較低；而在我們遇到威脅時管控想法和注意力的區域，活動性較高。「研究結果確認了我們懷疑靜心可能影響腦部的論點，」曼徹斯特大學的克里斯多福．布朗博士（Dr. Christopher Brown）[20]，同時也是研究小組組長解釋道，「靜心訓練腦部更爲專注在當下，因此不致於浪費太多時間預期未來的負面事件。」[21]

常見問題 Q & A

Q 把焦點集中在疼痛上，讓疼痛成為注意力的目標，這樣不是會更糟嗎？

A 有時候，用最細微的覺察來處理疼痛非常有效，這樣一來，你只有在疼痛最劇烈和最密集時才會感受到它。至於其他時候，你最好往後退一步，用更寬鬆的方式跟疼痛相處——短暫地注意它，然後放掉。最重要的是，用探索的精神接近它：你花了多少時間專注在上面，你對它是否採取開放的態度，對它是否產生興趣，對它是否付出全部心力？或是你對它是否充滿了恐懼和嫌惡，是否對疼痛妄下結論和評判？

應付疼痛無關乎忍耐，不是靜坐時拚命咬緊牙關，即使感到極大的苦惱也要極力地忍住好撐過去。我們的練習是盡可能地在排除陳舊、例行公事般地反應的狀況下，認知我們的經驗。最重要的一點是，我們不只對疼痛採取開放的態度，而是對所有事情都採取開放的態度。

Q 我發現行走靜心比靜坐來得容易。但是行走是「正宗」的靜心嗎？

A 我們可以用四種姿勢練習靜心：坐著、站著、行走和躺下，每一種都同樣地「正宗」，每一種都是完整的練習。它們之間最明顯的區別在於能量，躺下的靜心可能產生的能量最少，行走靜心可能產生的能量最大。當人們感覺頭昏昏、腦鈍鈍、昏沉欲睡時，多半會選擇行走靜心來取代靜坐。

當我們感到躁動不安和必須導引在體內竄流的多餘能量時，也可以用行走靜心取代靜坐。行走並不會分散能量，反而會幫助我們導引它，讓我們體驗更大的平衡。

Q 當我在做行走靜心時，很難不注意身旁發生的事情，該怎麼辦？

A 我們常常會因爲環境中的某些事情而閃神。在那樣的情況下，你大可停下腳步，大大方方地去觀察它片刻，然後再放掉。但是如果你發現自己每十秒鐘就會停下腳步分心去注意鳥、樹葉或行人，那麼你也許應該把注意力更爲集中在行動的感覺上面，而不是完全不去注意發生在你周遭的事情，但是也不要讓周遭發生的事情把你的注意力完全引開。你的目標是在尋求平衡。

Q 下班後做靜心時，我偶爾會感到身體緊繃和焦躁不安而導致分心。我是否該做做瑜伽或是伸展操之後，再來靜心呢？

A 了解自身這一點，算是個好的開始。首先，如果你剛開始就感到躁動不安，我建議你在靜坐前先做行走靜心。或者是如果環境許可的話，把靜坐改成行走靜心。

另外一個選擇是：在靜坐前，用五到十分鐘做伸展操，或是做幾個瑜伽動作消除身體的糾結感，讓身體來告訴你它該受到怎樣的伸展，然後回到你坐下的姿勢，再展開靜坐活動。看看你的身體是否已經安靜下來，安靜到你已經可以注意到你的呼吸了。當然，如果你坐著的時候覺得焦慮和不舒服，試著平靜地跟這些感覺共處，看看你能不能從中學到東西。

Q **我盤腿時，背部和膝蓋總是感到很痛，痛到我想放棄。我是否該坐在椅子上呢？**

A 你當然可以坐在椅子上，或者可以等一等，看看等你熟悉雙腿交盤的姿勢後，背痛會不會減輕。你同時也該檢查一下，看看背部有沒有受到支撐。你的背部有沒有打直？你是否需要在膝蓋下放個墊子，或是再加一個墊子增加坐下來的高度？也許你也應該實驗看看你能不能從不舒服的狀態中學到一些東西。指出不舒服的身體部位在哪裡，跟這個難受的感覺共處片刻，看看它有什麼改變。在你觀察它時，它可能會變強或減弱；它可能會四處游移，它可能會不動如山。用探索的精神接近它：我眞正經歷的是什麼東西？它全然是不愉快的感覺嗎？其中有沒有舒服的部分？它是否在改變？看看你怎麼對自己述說這樣的疼痛：我不應該有這樣的疼痛。我痛恨這樣的疼痛。如果我再過半個鐘頭還是這麼痛，我可能會撐不過去。

請試著默默記住你所直接經歷的此刻經驗，但不要加以評斷、加以贅述，緊抓著不放或是將之推開。一旦你注意到這樣的感覺，請把注意力回歸到你對呼吸的覺受上。如果你發現自己在跟疼痛對抗，並且痛恨這個疼痛，那麼最好改變一下姿勢，重頭再來。但是請試著看看你不用往常的方式敘述這個病痛，而是用開放的心靈來觀察它時，會發生什麼事情。

內化：你有多常記得要保持正念？

對大多數人來說，正念是短暫的。我們可以持續正念一下子，但是正念隨即就消失不見了。我們對過去和未來的擔憂，一直盤據在我們的腦中；我們戴上護目鏡，透過自以爲是的臆測看世界。我們在練習中所要做的就是改變比重，讓自己能更頻繁地集結和對準注意力。正念並不難，難的是我們常常忘記要保持正念。

一位以律師爲業的靜心新手說，行走靜心讓他深深注意到之前忽略的細微肢體感受。「我可是一個出了名難搞的傢伙，竟然會對微風或是曬在頸子後面的陽光生起感恩之心。有一天我從辦公室出發赴一場讓我提心吊膽的會議時，我特別認眞地注意太陽和風，感受它們的美好。當我抵達時，我以更爲愉悅的心智狀態出席，並且也更能開放地聽取別人的意見。會議進行得比我想像的還要順利。法學院通常不會教導我們欣賞太陽和風。」

人們常常會想，**我缺乏正確的正念，我的專注度還不夠**。有沒有進步無關乎程度或標準，有關的是頻率。如果你能記得隨時保持正念，如果你能花更多的瞬間給正念，那就會不一樣了。一天之中，我們會有很多次失掉正念，變得麻木不仁或無感。然而，一旦我們認知我們失掉了正念，我們就等於重拾起了正念，那種認知就是它的本質。我們可以重頭開始。

第三週

正念和情緒：處理想法和感覺

用正念跟情緒建立新關係

我聽過若干有關正念的奇妙解釋。作家兼教師希薇雅・布爾斯坦稱之為「喚醒對於內在和外在所發生之事的注意力，並且做出明智的反應」。越南禪師兼詩人一行禪師說，「我喜歡將正念定義為能夠幫助我們百分之百活在當下的能量；你凝神活過每個瞬間的能量。」但是我最喜歡的定義，則來自加州奧克蘭皮德蒙大道小學的一名五年級學生。

二〇〇七年，這所學校啓動了一個首創的五週正念訓練計畫，讓一個教練每週兩次、連續五週到學校課堂中帶領十五分鐘的靜心活動，主旨在於如何「輕柔地呼吸和讓身體安靜」。學生們藉著把精神集中在呼吸上，並且注意浮現的情緒，訓練專注力。教練也會要求他們在對操場中的某人發脾氣前，以沉思——「靜一靜」——來培養慈悲心。根據《紐約時報》的報導㉒，一個男孩對同學說，「我打輸了棒球，正想把棒子甩在地上時，正念眞的發生了效用。」

一名記者請另一位參加此計畫的男孩描述正念，這位十一歲的男孩說，「正念是不去摑另外一個人巴掌。」

他的答案非常聰明、廣博和深奧，說明了正念最重要的功能——幫助我們處理最難纏的情緒。正念提出了一種可能性，那就是找出導火線和我們一般的制約反應之間的空隙，並且利用這個空隙來好好想一想以改變反應。從種種狀況顯示，我們的確可以靠學習做出更好的決定。

「他不知道該怎麼收放能量。」一位學生的母親在家長會上說。她接著解釋，兒子常常在感到混亂和沮喪時，很快地拂袖而去。但是正念訓練改變了這個模式。「有一天放學，他對我說，『我正在靜一靜。』」

這就是修持正念對我們的幫助。在靜心的時候處理情緒，可以讓我們更敏銳地認知一種感覺剛剛萌生的樣貌，而不是十五個連續反應之後的樣貌。接下來，我們可以與之發展出更為平衡的關係——既不讓它把我們逼到發火的地步，也不因害怕或是羞慚而不敢面對它。

我們可以從不偏不倚的正念中學習到很多。我們發現自己總是可以像奧克蘭的那名男學童一樣，靜一靜好好想一下（運用我們在第二週學習到的身體掃描靜心，或是跟隨我們的呼吸幾次），以便認知我們的感覺，察覺我們習慣性的反應（不論是我們遇到挫折時的暴走，或是當我們受到批評時的悲憤不語），或者是決定採取不同途徑的行動。

我初次做靜心練習時只有十八歲，儘管我知道自己非常不快樂，但我並沒有發現自己體內另有一股股波濤洶湧的悲傷、憤怒和害怕。我所感覺到的是一大塊似乎堅不可摧的哀傷。其後，透過靜心，我開始更清楚地向內探看，並且認出組成我哀傷的種種元素。

我所看到的讓我大為震驚，我立刻衝到我的導師葛印卡（S. N. Goenka，譯註：祖籍印度，在緬甸出生成長，是著名的內觀靜心大師）面前，憤憤不平地對他說，「在開始靜坐前，我從來都不是個憤怒的人！」當然，我的怒氣沖天——我媽媽死了，而我幾乎不知道爸爸是誰，也幾乎不知道自己是誰，靜心揭露了我的那種挫敗感。當我埋怨葛印卡時，他只是一逕地笑著，之後才提醒我，我手上的工具現在要用來處理我過去藏起來的複雜感覺（對我自己隱藏多過對別人隱藏）。我可以開始跟自己的情緒打造一種新的關係——在否認它們和向它們屈服之間，找到一個中間點——因爲我承認了它們。

我採取了以正念處理情緒的四個重要步驟的第一步：**承認**我的感受。除非你承認你正在經歷一種情緒，否則你便沒有辦法處理這種情緒。

第二步是**接納**。我們傾向於抗拒或是否認某些感覺，特別是不愉快的感覺。但是在靜心冥想時，我們以開放的態度面對任何浮現的情緒。如果你感受到憤怒，那憤怒就是你用來靜心冥想的工具；如果你感受到無聊，那就用無聊的感覺來靜心。如果一個惱人的情緒浮現，我們不會自怨自責。我們會提醒自己，情緒常常會不請自來；我們沒有本事宣稱，「我受夠了！不要再給我悲傷了！」或是，「這些背叛的感覺是離婚勾起的嗎？那都已經事過境遷了，不要再來煩我了！」

第三個步驟是**調查**情緒。我們非但不遠遠地逃開，反而更向它靠攏，用公正無私的興趣來觀察它。我們需要花點時間靜一靜，除了壓抑我們一貫的反應，也要跟情緒這檔子事分家。當我們捲入一種強烈的情緒之中時，我們的反應往往是扣住扳機對準目標，並且對自己說：我對某某某氣得要命，我要告訴全世界的人他做了些什麼，我要把他毀了；而不是檢驗情緒本身。當我們既未排斥一種負面的狀況，又未陷溺在其中時，我們可以揚棄以往的反射性反應，改用滋生出的新智慧來回應。儘管這樣做的重點不在解決問題，不過當我們轉念之後，有些問題自然而然地就消逝了。

我們開設內觀靜心協會沒多久，一位來自印度、名叫阿那加利卡．穆寧達（Anagarika Munindra）的老師來拜訪我們。那次我在做靜心練習時，再度感受到一股憤怒。當我跟穆寧達吉（Munindra-Ji，編註：在印度，人名後加上「吉」，是對長輩或平輩表達敬重或親切之情的稱呼）說我感到很苦惱時，他說，「想想有一艘太空船降落在前面的草坪，一群火星人走出來，到你面前問你，『什麼是憤怒？』你就是該用這種態度對待憤怒。而不是『這是該受指摘的』，『這是很可怕的』，或這是『情有可原的』；就只是『這個叫作憤怒的是什麼東西？是什麼樣的感覺？』」

在觀察我們的憤怒和研究任何強烈的情緒時，注意我們身體的哪個部分浮現這個感受。我們很可能會發現，它不單單是一件事情，而是一個合成的東西。憤怒包含瞬間的悲傷、瞬間的無助、瞬間的沮喪和瞬間的恐懼。一個看起來牢不可破、永不讓步、沒有彈性和永不改變的東西，其實是會移動和轉變的（我以前就注意到這點，但老是記不住）。當我們注意到這一點時，就會發現，其實這股強烈或痛苦的情緒並沒有那麼難解。

接納導致第四步——**不認同於情緒**。你目前所感覺到的羞窘或沮喪，並不是你人生履歷的全部，也不能蓋棺論定你是誰或是你將成爲什麼樣子。你不會再將一種暫時的狀態誤認爲是全部的你，取而代之的是你看到自己的情緒浮現，持續一陣子，然後消失。你起先有點害怕，接下來就不怕了。你起先惹人討厭，後來就不惹人討厭了。

承認、接納、調查、不予認同（有些靜心老師將 Recognition、Acceptance、Investigation 和 Nonidentification 四個步驟縮寫爲 RAIN）等四個以正念處理情緒的步驟，也可以運用在想法上。我們傾向於跟自己的想法做認同，卻不跟自己的身體做認同。當我們懷憂喪志、盡想些悲觀的念頭時，我們對自己說，我是個悲哀的人。但是如果我們撞到手肘的尺骨端，我們通常不會對自己說，我是一個痠痛的肘子。大多數時候，我們認爲想法代表了我們自己。我們忘了，或者根本沒注意到，我們的心智有看著這些想法起起落落的一面，正念的重點是跟目擊的能力取得聯繫。有時候，我要求學生想像每一個念頭都是一個來敲他家門的訪客。念頭並不住在那兒，你可以迎接它們，承認它們，送走它們。

修持正念並不意味著消滅各種想法，而是幫助我們了解自己在想什麼，就像是我們想知道自己感覺到什麼一樣。

正念允許我們觀察自己的念頭，看看念頭如何觸動下一個念頭，判斷我們是否往下走到了一條有害的道路，如果是這樣，就放掉它，然後改變方向。它會讓我們認清我們是誰，遠遠大過於一個害怕、忌妒或是憤怒的念頭。如果一個念頭讓我們不舒服，我們可以停留在對這個念頭的覺察上面，我們可以停留在我們擴及自己的慈悲上面，等我們召喚回平衡和良好的判斷力，再決定要不要和該如何對那個念頭採取行動。

最令人痛苦的五種情緒

綜觀歷史，聰明的人類行爲觀察者曾經一再指出，有一組有害的人類核心傾向會阻礙快樂。這些心智狀態不僅會讓我們在靜心時分心，也是我們生活中的絆腳石。廣義地說，它們是：慾望、乖戾、怠惰、焦躁和猜疑。它們會以各式各樣的方式顯現於外，等一下你就可以認出其中很多個。

慾望包括貪婪、執著、需索無度或是黏著依附。乖戾會以恨意、憤怒、害怕或是不耐煩的型態出現。怠惰不只是懶惰，還包括麻木不仁、封閉自己、與外界脫節，以及伴隨著否定和不知所措的拖泥帶水：這件事情肯定很棘手，我想我還是先睡一下好了。焦躁顯現於外的是焦慮、擔心、煩惱或激動。我們所提到的猜疑並不是有建設性的探詢，而是沒有能力做決定或是承諾。猜疑讓我們的感覺卡住了，使我們不知道何去何從。猜疑破壞全心全意的投入（在戀愛中、在靜心練習中），並且剝奪了我們的深入體驗。

我喜歡跟學生分享一個希薇雅．布爾斯坦告訴我的故事，這個故事說明了上述這五種障礙在我們生活中運作的方式。她認識的一個女子，一天早上離開寓所要去上班，當她走到她停在大街上的車子旁邊時，被所看見的景象嚇了一大跳——車子的四個輪胎都被偷了。她最直接的反應就是快步走到附近的購物商場，買了一套絲質睡衣，作為安撫自己的方式。只有這樣做了之後，她才能走回家打電話給警察。這是慾望造成的心智狀態最完美的範例：這名女子非得要滿足物質上的需求，才能讓自己穩定下來以應付實際狀況。

布爾斯坦繼續演繹面對同樣的狀況時，受到其他障礙影響的人會有什麼樣的反應。一個有乖戾憤怒傾向的人，也許會在發現輪胎被偷時大發雷霆，亂踢車子一通，然後怪罪鄰居沒有注意到有人偷輪子。

怠惰的人根本無法應付輪胎被偷走的狀態。她回到住處，打電話到公司請病假，然後整天都賴在床上。

有焦躁傾向的人在知道輪胎被偷之後，心裡就像坐雲霄飛車一樣忽上忽下。她想，今天是輪胎被偷，明天會變成整輛車被偷，然後接下來，目標就是我了。

有猜疑傾向的人會開始反覆猜測，然後喃喃地抱怨：我為什麼老是做錯決定呢？我為什麼要把車子停在這裡？我為什麼要住在這裡？千錯萬錯都是我的錯！他感到混亂和不確定，而且無法採取行動來挽救這個狀況。

我們可以將之稱爲貪婪、乖戾、怠惰、焦躁和猜疑的故事。有些時候，我們也許會感覺自己同時在跟這五種障礙搏鬥。但是不管有多少障礙從心中升起，我們都不必責怪或是批評自己。修持正念教導我們如何認出它們，並且讓我們知道，它們不過是一閃即逝的心智狀態；一旦我們承認它們，就可以決定該如何對它們採取行動，或者是要不要對它們採取行動。

總之，當生活中出現阻礙時，我們埋頭輸入內容，也就是故事，卻壓根沒有注意到狀態本身的感覺。譬如說，我們拚命想著慾望中的目標：我真的想要這輛車。我該不該在這裡或那裡裝上椅墊？音響系統要不要也裝一下？這輛車真的很貴，但是我真的很喜歡它。我該如何處理付款？我一定要擁有它！卻沒有想到要把注意力轉移到最重要的問題上面：「非常想要一個東西時，會有什麼樣的感覺？」

修持正念是要取狀態本身——在上述案例中，就是要取慾望的狀態——當作靜心的對象。你能不能感受到那種傾身向前的渴望，一種脆弱、不安，想要攫取、想要掌握之下所衍生出的不安全感？你能否跟這些感覺共處，但是卻不捲入這樣的故事中呢？

第三週練習重點

在第三週中，要加入第五天的練習，每一節的練習至少要有二十分鐘。請加入本週學到的一個想法正念靜心或情緒正念靜心到練習中。

課前準備：學習與情緒共處

本週，我們要練習跟情緒和想法共處，即使是最強烈和最棘手的情緒和想法，我們都要以開放、允許和接納的態度與之共處。對大多數人來說，這跟我們的推託模式正好相反——因爲害怕或煩惱而把不舒服的感覺推開，改去做所有可以無限延長我們愉悅經驗的事情。

我們還要繼續上週的正念練習，也就是區分出什麼是當下發生的事情，什麼是我們附加上去的包袱，諸如羞愧、臆測未來，和用一閃即逝的情緒片段編織全盤負面的自我形象，這些習慣性的反應等於讓痛苦雪上加霜。

我的朋友最近失業，這件事已經夠煎熬和可怕的了，可是他偏偏又搬出全球經濟走下坡這檔子事，當成他做什麼都不對的大前提。正念靜心讓他更能覺察出他所敘述的故事：我被裁員是我的錯；千錯萬錯都是我的錯。一旦他注意到這個贅述並開始仔細檢視它時，他會發現自己以爲顚撲不破的邏輯，其實漏洞百出。只有到了那個時候，他才能夠重拾信心，找尋新的工作。在練習中，我們試圖意識到這些附加的包袱，看看我們能不能放掉它。我們修持正念的作用，就在於幫助我們區分實際經驗和我們對自己敘述的故事之間的差別。

在正念靜心中，你用關注、好奇和慈悲觀察你的感覺，然後放掉它，不要怪罪自己有這樣的感覺（我是個可怕的人），或者想要緊抓不放（我要怎樣才能留住這種平靜的感覺呢？）；不要思忖它的意義，或是提出一個精心策劃的行動（不過你可以在稍後，也就是靜心之後，做這兩件事情）。正念靜心不會消除難受的感覺，也不會延長愉快的感覺，但是它會幫助我們接受這些感覺會過去，而且不會持久。我們的目標是不要黏著它，也不要阻止它或是壓抑它，而是用更深入、更全面的方式注意它。

起先，當我們面對情緒時，也許只會注意到顯而易見的情緒，那些如歌劇般的巨大感覺：憤怒、悲傷、快樂、懼怕。當我們持續的練習靜心之後，會注意到更細微的綜合感覺：不耐煩、迷戀、痲木不仁、懊悔、渴求和溫柔。運用承認、接納、調查和不予認同等四個步驟，我們可以體驗這些細微的感覺，但卻不會沉淪其中。正念練習可以擴大我們的舒適圈，幫助我們發展出可以跟任何浮現的情緒共處的能力。

冥想操⑩ 情緒靜心*

在情緒靜心中，我們想要得到的覺察狀態是均衡——寧靜而溫和，不過也是機警而清醒的，跟我們的內在充分連結。回想你大步奔跑或是游泳游得很順，跳舞的時候，或是切蔬菜準備做一頓大餐的時候，是什麼樣的感覺。

採取舒服的靜心姿勢，坐下或躺下均可。閉上眼睛，或者往下看也可以。靜下心來進入對身體的覺察。如果你覺得可以幫助你聚精會神的話，請做上週學到的從頭到腳趾的掃描（即身體掃描靜心）。有聲音出現時，請覺察它們，然後把注意力轉回到呼吸上。如果你願意的話，在心裡默記**吸，吐，**或**升，降**。

觀察你心裡感覺的狀態。你的心裡感覺沉著和平靜嗎？你是否感覺焦慮？感覺無聊？心中是否有歡喜、有悲傷，還是無喜無悲？看看你是否能像對待呼吸一樣，敞開心胸面對和承認情緒的背景。

當你跟隨呼吸時，注意有沒有任何先入爲主的情緒。如果有任何感覺強到足以讓你從呼吸上分心，不妨讓它成爲你靜心的目標，指出它是什麼，並在心中默念。通常我們會默念兩三次，端視感覺的強度和持久度而定——快樂，快樂；失望，失望；無聊，無聊。（想要知道更多默念的事情，請看以下「默念的注意事項」。）看看你能不能指出情緒在身體的哪個部位：伴隨而來的肉體感覺是什麼？會不會覺得胃上有蝴蝶，或是脈搏跳動得很快？你的眼皮沉重、雙肩高聳嗎？（如果沒有產生強烈到讓你分心的情緒，那就繼續跟隨呼吸吧。）

以柔軟和放鬆的方式跟情緒相處。下面是看出你是否柔軟和放鬆地跟情緒相處的方式：聆聽你心中默念的語氣，如果是很嚴厲或緊張——嫉妒，嫉妒！又來了！——請努力讓語氣更溫和。另一種有用的方式是：當你找到情緒在身體的哪一個部位時（舉例來說，如果你發現焦慮讓你的胃打結），請再檢查身體的其他部位，看看那些部位是否也開始緊張起來。譬如你的雙肩是否因發生連帶反應而聳了

＊請聆聽線上音檔，英文第6、7首，或者中文第15、16首。

起來？有意識地放鬆那個被連帶挑起的緊張，可以幫助你更平靜地觀察最初讓你胃部打結的緊張，也許接下來它就會慢慢自己鬆開。光是觀察這個行動，就有可能讓壓力化解於無形，因爲我們只是旁觀者，我們並不吃情緒那一套。我們不必在經驗中掙扎，我們只要關心和觀察所有浮現又消逝的情緒就夠了。

如果你的情緒變得太過波濤洶湧，不妨回頭來跟隨呼吸這個老朋友。靜心時，如果想讓自己穩定下來，就請做回歸呼吸這件事。

如果你因爲身體的疼痛而分心，請注意由疼痛所產生的情緒。一陣刺痛或是疼痛，也許還伴隨著一陣不耐煩、惱怒或驚慌。觀察這些情緒，叫出它們的名稱，然後放掉它們，回到跟隨自己的呼吸。

如果發現自己加上累贅的批評（我瘋了不成？我怎麼會有這樣的感覺？）、埋怨或是對未來的臆測，請提醒自己，不論有什麼樣的感覺都沒有關係。試著盡量放掉這種反應，並且回到你當下最直接的經驗：我現在的感覺是什麼？它的本質是什麼？我從身體的哪個部位體驗到它？

回到跟隨呼吸。過一會兒之後，結束靜心並張開眼睛。

做完情緒靜心的那天，看看你能不能收看形形色色的情緒風景，並且注意到你的各種感覺。

冥想操⑪　召喚痛苦情緒的靜心

舒服地坐下或躺下，眼睛閉上或張開皆可。把注意力傾注在呼吸的感覺上，選擇最輕鬆的呼吸方式——只要是正常、自然的呼吸就可以了。如果對你有幫助的話，默記著**吸**，**吐**，**或升**，**降**。

跟隨呼吸片刻之後，有意識地想起最近或很久以前一種痛苦或是憂慮的感覺或狀態，一個會讓你產生悲傷、害怕、羞恥或是憤怒等強烈情緒的場景。靜靜地回想當時所有的狀況。儘管那樣做會讓人感到不舒服，但是不要迴避。你隨時可以回到跟隨呼吸的狀態，讓自己喘口氣。

這個場景會喚起哪種伴隨情緒而來的身體感覺呢？看看你可不可以分辨出身體

的哪個部位有這樣的感覺。當你觀察到情緒浮現時，嘴巴會不會變乾？呼吸會不會變淺？上下兩排牙齒會不會緊閉？喉嚨會不會覺得堵住了？不管你的身體怎麼了，都請注意它。如果你可以感覺到身體情緒（這一點並不是每次都能做到），你就有了擺脫故事的具體方法，並且可以觀察到情緒變化的本質。

把你的專注力放在感覺最強烈的身體部位。除了察覺它們的存在之外，什麼都不必做。一旦你的注意力轉移到了身體感受，你也許可以對自己說，沒關係，不管它是什麼都沒關係，我不用把它推開也不會被困住，我可以好好感覺它。持續覺察身體的感覺，以及你跟它們的關係，接納它們，讓它們保持原狀，對它們保持柔軟和開放。當你對著它們靜坐片刻時，感覺有改變嗎？是怎樣的改變呢？

默念的注意事項

默念是短暫承認當下瞬間浮現的情緒的方式，有兩個主要目的：

第一，建立覺察的範圍，一個安靜的小小內在空間，讓我們不致於陷在思緒或感覺中，也不會對其有所反應，但是我們可以分辨得出它，指出它的名字，然後繼續前進。

第二，默念好比一種即刻的回饋系統：我們可以看出我們是否敞開心胸，接納我們替自己的經驗所貼的標籤（是呀，就是這樣！），或是用焦躁和嫌惡看待我們替經驗所貼的標籤（噢！又來了，又是妒忌！）。如果我們聽到語氣中帶有指責或是自我批評的色彩，我們可以把它放掉，然後再對自己說一次，用更善意和更公平的語氣（喔，是妒忌）。試著把默念變成一個溫暖、開放的承認。

默念還有第三個有趣的功能：就像靜心過程所產生的許多效應一樣，它生動有效地提醒我們世事無常。我們在靜心的當下會默念許多浮現出來的情緒，有些讓人愉快，有些讓人生氣，有些讓人不喜不憂。它們會浮現，它們會消逝。我們要做的就是在無分別心的狀態下默念它們，看著當前這一刻發生的事實，並且呼吸。

在我早期的練習中，我讓簡簡單單處理分心的方式，變成了讓人分心的主因。我曾一邊靜坐一邊想著，我所感覺到的到底是痛苦還是不舒服？它又沒有大到可以被稱為極端痛苦的地步，那麼用「心力交瘁」這個字眼如何呢？我成了一個人體同義字典，並且完全想不起我原來的經驗是什麼了。我很快就發現到字眼並不是重點，它只不過是快速記下對當下浮現東西的認知，並且避免自己被一陣思緒所襲捲。記錄不需要有多精確，它只不過是認知靜默的動作：啊，就是這樣：有悲傷，有回憶。

我的一些學生很快地而且很高興地指出，心中默念本身就是一種思考的模式。「我們不是該在靜心時努力放掉思考嗎？」他們問道。我回答他們，默念確實是一種思考，但卻是有技巧地運用思考；它幫助我們在覺察時，不致於迷失在思考裡，也不會被思考帶走。經過思考的默念，指引我們回到當下，回到我們的呼吸。

你沒有必要時時刻刻運用默念，通常只要默念一個想法或感覺就夠了。但是有時候，默念會是一個迅速地和明確地連結你的即時經驗的好方法。

別忘了，通常我們所感覺到的並不是單一的情緒，悲傷也許包括瞬間的哀愁、瞬間的害怕和無力，或者是包含瞬間的慰藉、瞬間的預期和好奇。看看你可不可以將這種情緒分解成各個組成分子。注意你感覺到的所有不同的東西。在最負面的狀態中，是否也混雜了任何正面的心智狀態？任何正面的狀態中，是否摻入了負面的心智狀態？留心感覺，解開錯綜複雜的線頭，也許會帶領你明瞭你的想法是一堵神祕的厚牆，其中的情緒組合不斷地在改變。光是覺察到情緒本身，就能讓情緒更容易被駕馭。

你也許會注意到自己抗拒這些痛苦的情緒和隨之而來的身體感受——推開它們，或是對它們感到羞慚。抑或你也許發現自己快被捲進去了，那麼請重演一次爭吵，或是重新經歷一股憤怒、無助或羞辱。

也許這種想法或狀態所召喚來的情緒讓人心煩意亂，你忍不住哭了起來。如果眞是這樣，沒關係，這不過是你經驗的一部分。你可以開始覺察你跟這些淚水有什麼關聯：你的身體有何反應？哪些情緒伴隨著哭泣而來？關於哭泣，你對自己有怎樣的描述？

也許在你的悲傷中，還有懊悔、惱怒或擔心自己會一哭就無法收拾。如果你覺得快被情緒所襲捲，利用覺察呼吸把注意力穩固在自己身上，這會幫助你回到當下。如果你發現自己在想，我永遠擺脫不了這樣的感覺，或是，如果我再堅強一點／更有耐心一點／更聰明／更友善，我就不會有這樣的感覺了，請回到當下這個簡單的事實——靜坐，並且覺察你的呼吸，看看你能不能認清情緒只是一種短暫的狀態，並不能代表你的全部。

當一切就緒時，請張開眼睛，深深吸一口氣，然後放鬆。

當天如果再有痛苦的情緒浮現，看看你能不能運用這些技巧覺察它們。

冥想操⑫　正面情緒靜心

為了培養面對困境的柔軟度——譬如一個沒有救了的朋友，或是完全出乎意料、充滿劇變的一天——我們必須找出和培養正面的部分，並且注重給予自己愉悅的正面情緒和經驗。

我們太常把焦點放在我們哪裡出錯了，或是負面的、不愉快的經驗。我們需要有意識地努力把正面的事物含納進來。這並不是光做做樣子，或是極力否認眞正的問題。我們必須注意日常生活中被我們忽略或漠視的事情。如果我們停下來留意這些愉悅的時刻：一朵從人行道探出頭來的花朵、一隻首度遇到下雪的小狗、一個小孩的擁抱，我們就會擁有取之不盡的歡樂泉源。這種注意到正面事物的能力也許還未受到訓練，但是沒關係，我們之所以練習靜心，正是為了這種訓練。

以放鬆、舒服的姿勢坐下或是躺在地板上，眼睛張開或閉上都可以。

現在讓腦中浮現最近的愉快經驗，那種帶有諸如快樂、愉悅、舒適、滿足或感激的正面情緒的經驗。那也許是美妙的一餐、讓你恢復精力的一杯咖啡，或是跟你的小孩共度的時光。也許還有生命中讓你覺得最爲感恩的事情，諸如一個隨時願意爲你伸出援手的朋友、一隻一看到你就很興奮的寵物、一次燦爛的日落、一晌安靜的時光。如果你想不到正面的經驗，就覺察地送自己一段當下作爲靜心練習的時段。

花一會兒工夫來珍視你心裡浮現的任何影像，以及它們喚起的愉悅經驗的回憶，看看跟這些回憶對坐有什麼感覺。你身體的哪一個部位有感覺浮現？它們是什麼？它們如何改變？把你的注意力聚焦在感覺最強烈的身體部位，持續覺察身體的感覺和你跟它們的關係，敞開心房接納它們。

現在，留意你把這樣的經驗帶入內心時，會浮現什麼樣的情緒。你也許會感到瞬間的興奮，瞬間的希望，瞬間的害怕，瞬間的還想要更多。只要觀察這些情緒出現又消逝就夠了。所有的情緒狀態都不斷地在改變和轉移。

也許你覺得讓自己太舒服會有點不安，因爲你擔心惡運會緊接在後。也許你還有點罪惡感，因爲覺得自己不值得這麼快樂。在這個時刻，練習邀請歡樂或愉悅的感覺，並且在心中騰出一個空間給它們，承認並完整經歷這些情緒。

注意當你把正面感覺導引至內心時，會出現什麼樣的想法。你會不會有較不受限於習慣或是被習慣卡住的感覺？或者也許你發現自己又陷入了舊有的思維模式中：思考自己的生活出了什麼問題、什麼事情又讓你失望了——你比較安心於這些思考，因爲它們對你來說都很熟悉。如果是這樣，請把這點記下來。

你有沒有試著在心裡用正面或愉快的經驗編一些故事？譬如說你有沒有告訴自己，除非我放棄自己的壞習慣，否則我沒資格擁有這些愉悅的經驗；或是，我必須找個方法讓它永不改變？試著覺察這些附加的念頭，看看你是不是能放掉它們，並且只跟當下的感覺共存就好。不管浮現什麼樣的故事或是什麼樣的附加想法，都請回到你直接的經驗上面。問問自己，我的身體現在有什麼感覺？我現在有什麼感覺？發生了什麼事？

你可以坐著觀呼吸來結束這節靜心。你可以溫柔地猶如把呼吸抱在懷中輕輕搖晃，來跟呼吸共處。當你準備好以後就可以睜開眼睛了。

將溫和的關注、好奇與注意的技巧，應用在當天所遇到的每件事情上。注意愉快的或正面的瞬間，連即使看起來微不足道的事情都不要錯過。

冥想操13 思考靜心

舒服地坐下或躺著，可以閉上眼睛或張開眼睛，只要感覺舒服就可以了。感覺你坐著的空間由各個方位觸摸著你；你不必伸手去碰觸。感覺你身體下的地面，注意地面如何支撐著你；你不必再多做些什麼，你可以信任它。

把注意力放在感覺呼吸上面。你可以注意到呼吸根據自己的節奏來來去去，它充塞了你的身體，然後離去，將你跟外界連結起來。你可以接收它，放掉它。它自然地發生，無須你去控制，你可以對它處之泰然。

看看你在覺察時，會出現什麼樣的想法。你可以把它們想成心中的事件。當一個浮現的念頭，強烈到把你的注意力從呼吸上奪走時，請注意它只是個想法。你可以默念它——思考，思考——不去管它的內容爲何。不論它是個可愛的想法或是糟糕的想法，它就只是個想法。

你不妨把這些念頭區分得更清楚，打算，回想，擔心，期待。不需拚命想要選用適當的字眼，但是如果一個很明確的字眼出現，不妨使用它，看看你在默念這個想法時會發生什麼事情。你不必批評自己，也不要迷失在想法裡，或者精心策劃；你要認知它僅僅是個念頭，然後輕輕地放掉它，將注意力回歸到對呼吸的感覺上。

你的某些念頭也許是溫柔體貼的，某些念頭也許是極其痛苦和有害的，但它們都只是念頭而已。記住念頭的影像就像是掠過天際的雲彩，有些非常輕柔鬆散，非常吸引人；有些看起來很不祥，很具威脅性。不過，你可以讓它們全都從眼前飄過。看著它們，認知它們，讓它們過去，把注意力回歸到呼吸的感覺上。

我們習慣性的傾向是抓住一個想法，接著用它構築整個世界；或者是把它推開，跟它對抗。而在這裡，我們保持平等、均衡和寧靜。我們只要認知到，它不過是個念頭，它並不是真正的我。它的本質就是一個念頭，不管它如何強烈，都是短暫的；它只不過是路過，是因爲環境或習慣才浮現了出來。輕輕地放掉它，把注意力回歸到呼吸上，慢慢來，不要急。

再度感覺你所坐著的空間，它如何從各個角度碰觸你。感覺身體下的地面支撐著你。注意空間如何碰觸你，注意地面如何支撐你。你可以感覺到這些事情，你可以信得過它們。張開眼睛，並且放鬆。

第三週的省思

正念練習讓我們能夠更清楚和更誠實地面對自己的生活。我們的眼光越清晰，我們對自己和這個世界的第一手情報越多，就越能做出適當的決定，也就越不會覺得自己支離破碎。「當我們看進一池水裡，」強．穆特（Jon J. Muth）在他充滿古代精鍊智慧的童書《禪的故事》（*Zen Shorts*）中寫道，「如果水面是靜止的，你可以看到反射在水面上的月亮。如果池水受到攪動，月亮就會碎成一片片，我們就更難看清月亮眞正的面貌了。我們的內心也一樣，當我們的心智受到刺激時，我們就看不清眞正的世界。」

你也許可以認出本週靜心時浮現的想法和情緒，不過是重複出現模式的一部分——你一定聽過很多次我所謂的老錄音帶，也就是我在作者序中提到過常見的習慣性內心背景音樂。認出我們心中的這些老錄音帶很有用，甚至可以溫柔的爲它們命名：噢，那個是「每個人都有錯，只有我沒錯」（或是，「每個人都沒錯，只有我錯了！」）錄音帶；那個是「小題大作」錄音帶，「我是輸家」錄音帶，「你鬥不過市政府」錄音帶，「何必多事？」錄音帶。一旦我們找出它們，並且叫出它們，就可以提醒自己，這些想法只是過客，它們基本上並不是我們。我們無法阻止它們來訪，但我們可以讓它們走。

一位在做正念靜心時發現爲模式命名很有用的學生，是一位五十九歲的承包商，他才剛重返校園攻讀園藝碩士。「你所說的錄音帶，眞的讓我起了共鳴。」他說，「我發現自己一直在播放我所謂的『一個都不能出錯』錄音帶。當我在做召喚痛苦情緒的靜心時，我想到園藝碩士課程的最後一天，我拚了老命想要做一大堆事情——一份周延的植物筆記，一份我在本地濕地公園監督義工的厚厚實習工作報告。老師大大地誇獎了我一番，但是她也說，我應該可以把工作團隊組織得更好，於是便給了我幾點建議。我對此感到懊惱不已，覺得自己全盤皆輸。一個負面評語就毀了我做對的二十件事情。在召喚痛苦情緒的靜心中，我看到那天的畫面，我發現這種『只要有一個錯就全盤皆輸』的感覺有多麼熟悉。我到現在還搞不清楚我為什麼會播放那樣的錄音帶，但是至少我知道我在播放它。」

靜心就像是走進老閣樓間，把燈打開一樣。在那樣的燈光下，我們照見了一切——我們感謝發現了美好的寶藏；看到受忽略而灰撲撲的角落，忍不住對自己說，「最好把那裡清一清」；還有我們以為早就丟掉的來自悲慘過往的遺物。我們用開放、寬大和關愛的覺察承認這一切。

開燈永不嫌晚。戒除壞習慣和關掉老錄音帶跟它持續了多久無關，觀點的改變跟你抱持著舊觀點有多久也無關。當你打開閣樓的電燈開關時，不管那裡是黑暗了十分鐘、十年或一百年都一樣，燈光仍舊照亮了房間，排除了陰暗，讓你看到你以前沒法看到的東西。靜靜地好好觀察，永不嫌晚。

做就對了

既然你花了點時間靜一靜，那麼再多花點時間也無妨。

出生於西元前三六九年的中國哲學家莊子說過一個故事：有個人很討厭看到自己的影子和腳印，他決定用跑的來甩掉它們。但是每當他跨出一步時，就會留下另一個腳印，他的影子也毫不費力地亦步亦趨跟著他。他想一定是自己跑得不夠快，因此他停也不停地跑得更快，直到他終於把自己累死爲止。他沒有發現，只要他踏進自己的影子裡面，影子就會消失；如果他坐下不動，就不會產生更多的腳印了。

練習正念靜心就是選擇靜止——踏入安靜的陰影，而非從痛苦的想法和感覺中逃開。我們有時候將靜心稱爲「不作爲」。我們沒有被受制約的反應帶著走，反而安安靜靜地觀察，實實在在地跟實相共處，深深觸及它，也被它觸及，盡量用最簡單、最直接的方式看看到底發生了什麼事情。

在內觀靜心協會，有人曾擬了一句諷刺的箴言：「不作爲好過浪費時間。」我挺喜歡這句話的。「不作爲」在這裡的意思是指不做我們經常做的那些事情，譬如緊緊抓住經驗不放或是閃避它們，以便得到新的觀點、新的洞見和新的力量來源。安靜地坐著，以正念來觀察，是最富生產力的「不作爲」。詩人聶魯達（Pablo Neruda）在他的詩作〈靜下來〉（Keep Quiet）中寫道：

……如果我們不那麼一心一意地想著要怎樣活下去，而讓自己有一陣子什麼都不做，也許巨大的寂靜可以打斷這種永遠看不清自己的悲哀……也許大地可以給我們上一課，那就是冬天時即使萬物看似死寂，其實它們壓根兒都還活著。

常見問題Q&A

Q 跟隨呼吸時如果分心，可以再度回到呼吸上面，似乎是一個很清楚的指示。但是當一種感覺來得太強烈了，喧賓奪主地變成靜心的目標，我該不該去分析它呢？

A 當一種強烈的感覺把你帶離呼吸時，就隨它去。強行掙扎著回歸呼吸，未免太累人了。

就以忌妒這種強烈的感覺來說吧。一旦忌妒的念頭浮現，我們便開始恨這種想法，怨我們自己，並且試圖把它趕走，以致我們無法從中學到多少東西。同樣地，如果我們在忌妒中迷失，而且在忌妒占上風的場景中被帶得團團轉，那麼我們就會陷入更大的羞辱中，這樣也學不到東西。正念把我們帶到不偏不倚的正中央，讓我們面對「什麼是忌妒？」這個問題。我們不必把它搞清楚，相反地，我們要用這個問題來提醒自己去觀察身心發生了什麼樣的狀況。

如果你感覺到忌妒，就正視它；你在觀察著自己的念頭。這就是爲什麼某些靜心的技巧要強調默念，它提供我們更爲具體的方式去說，噢，那是忌妒，而不致迷失在抓住不放或是推開它的兩種極端狀態之下。

當有些東西極爲強烈時，你留心它，並且讓它成爲靜心的目標。但是當你專注在它之上時，我建議你偶爾回歸呼吸，即使一兩下子也好。呼吸的功能之一就是給你一個試金石和一個樣板：喔，對了，這就是專注在某些東西上的感覺——熟悉的吸入和呼出，但卻沒有迷失在其中，也沒有推拒它。接下來，我們再將平衡的覺察回歸到忌妒上，或者任何讓我們分心的事物上。在兩者之間來來回回並不礙事，不論何時需要，你都可以恢復平衡。不必多餘的分析，只要觀察和體驗就夠了。

Q 當我在做靜心練習、試圖迎接和完整體驗眼前的事情時，要怎樣才會知道該在何時放掉觀察和承認浮現的感覺及想法，然後再回到跟隨呼吸呢？

A 有時候眞的很難說什麼時候該放手，只能靠直覺來引導，而且不要急著想在靜心時達到十全十美和完全不出錯。如果你在培養覺察，這樣沒有錯。

如果想要用特殊的工具更完整地經驗當下，我發現在心中默念是一個非常有效的方法。

因此，如果有東西浮現，譬如很強烈的情緒或是一連串的想法，我會溫和地爲它貼上標籤，愉悅，愉悅；或是，思考，思考，並且以頻頻將注意力帶領到眼前發生之事的步調進行。但是如果你對正在觀察的經驗失去興趣，或是因爲你已經開始討厭發生的事情或是太沉溺於其中，以致你感到思考、感覺和感受三者之間失去了平衡，那麼就是該放掉它，看看能不能把注意力回歸到感覺呼吸上的時候了。

Q 在靜心時，以往的恐懼和自我懷疑的感覺一再浮現。即使我敞開心房面對它們，影響還是揮之不去，以致我持續地感到情緒低落和疑惑。應付這種情形的上上之策為何？

A 儘管你可能不會這樣想，但是萌生害怕和自我懷疑的想法其實是好事。你獲得了學習用不同的方法來敘述它們的機會，你可以練習用悲憫的好奇心觀察它們，而不必去認同它們。

對這些感覺敞開心房並不表示僅僅在靜觀後效，或是無可奈何地應付它們，好等到你想出讓它們離開的其他方法。你越疏遠這些感覺或是越不認同它們——噢，這就是我真正的面目。撇開我今天的五十種寬宏大度的表現不提，我真的是一個疑心病重又愛瞎操心的人——它們就越容易消散。但是這也得靠你怎麼跟經驗打交道而定：你要如何看待這些感覺？

我的同事約瑟夫．葛斯坦對這樣的狀況有一個建議，那就是當你有一段眞的很艱難的時刻時，想像浮現在你心中的念頭是浮現於坐在你隔壁的那個人心中。這是個很有趣的想法。當念頭浮現在我們心中時，我們會產生非常複雜的反應：我不敢相信這是發生在我身上的念頭；我以為早就擺脫這樣的念頭了；我不知道該怎麼處理它們。但是當我們想像坐在身旁的人心裡浮現這樣的念頭時，我們會想：噢，你這個可憐的傢伙！你一定很受傷。祝你快樂。

所以問題就變成了：你要如何屏棄對這個情緒的依附、對這個情緒的認同？它有可能會再回來——這些東西往往根深柢固。但是它回來多少次都沒有關係，因爲你有可以技巧地處理它的工具。

Q 靜心對意志消沉有沒有幫助？

A 造成意志消沉的原因有很多。儘管探究造成它的生理化學成分和做心理治療，對此大有助益，但做做靜心也不遑多讓。[23]

在正念認知療法（Mindfulness-Based Cognitive Therapy, MBCT）共同創辦人

約翰．提斯戴爾（John D. Teasdale）所率領的牛津大學重大研究中㉔，比照兩組受測團體，一組受到沮喪反覆來襲的人接受八週的正念訓練，另外一組類似的團體則接受傳統的認知治療。結果顯示，接受正念認知療法（這項療法教導患者以不評斷的方式看待心中掠過的想法）的團體中，有百分之三十七的人復發；而使用傳統療法控制的團體裡，則有百分之六十六的人復發。

許多參與靜心的人對我們說，分辨出他們的沮喪實際上是由許多種情緒，諸如憤努、失落和罪惡等交織而成的練習，讓他們獲益良多。儘管要把這麼多攪混在一起的各種情緒分開，還是免不了浮現痛苦的感覺，然而，一旦你認清沮喪是由許多變動的狀態組合而成，而不是只有一種不變的和壓抑一切的狀態時，它會變得更容易掌握。而在靜心時產生的悲憫，也會幫助你用更大的慈悲去關心即使對自身而言是痛苦的發現。有關對於自己和別人慈悲的深入討論，請見第四週課程。如果你的沮喪持續不退或者非常嚴重，我強烈鼓勵你跟有執照的靜心老師合作，並且尋求其他專業的協助。

Q 有時候你們建議我們跟任何浮現的感覺共處，另外有些時候你們又說可以自然而然地走路或做放鬆練習來改變這些感覺。我有點弄不清楚那是什麼意思了。

A 正念的主要途徑是對正在發生的事情付出注意力，並且跟我們的經驗發展出另一種不排斥也不痛恨的新關係，但是我們也不會被它們所壓制。因此，正念有一種與生俱來的均衡感。但是事實上，正念有時候並沒那麼容易取得。我們也許搞得自己筋疲力竭，也許我們即使回歸呼吸、採取默念的方式、或使用其他的技巧，都無法取得平衡，要不然就是我們的正念變得太零碎了，因此才會有一大堆幫助我們再度進入正念之中的方法。如果你想試試以這些方法取代典型的修持正念也無妨。

有時候人們會想，「噢，我搞砸了，我總是做不好正事。」其實並不是這樣的。起來走一走，走進大自然，做做伸展運動或是不管什麼樣的運動都好，看看這樣能不能帶給你足夠的平靜和洞察力，好讓你重新進入一個可以用不同方式敘述浮現出的經驗的狀態。

Q 我一直認為事情只會更壞，不會更好，而我似乎無法擺脫這種糟糕的想法，所以我在靜心的時候不是放棄了，就是睡著了，要不然就是緊張得想要逃跑。我要怎樣在不搞砸的情況下運用靜心呢？

A 你已經看到自己附加的包袱了：你有很糟糕的感覺，而你把這種感覺投射進了未來，爲了它，你評斷自己，並且感到羞愧和恐懼。這是一個無與倫比的洞見。你越是用這樣的方式覺察自己，就越會看出這種糟糕的感覺是自己建構出來的，而它已經開始改變了——它是短暫且會改變的。

當你在靜心練習中觀察這個過程時，儘管你觀察的是糟糕的感覺，它終究還是會獲得解放。我建議你現在可以用行走靜心取代靜坐，因爲你所形容的有一部分是低落的能量狀態，行走會幫助你提振精神和傳導能量。

但是即使你選擇靜坐，研究「受折磨」的狀態也會讓你打起精神。研究並不是反問自己：「這是從哪裡來的？是生物性反應嗎？」而是：「這是什麼樣的感覺？它是怎麼發生的？」單單是觀看靜心時呈現在眼前的感覺，就是開始跨越這些感覺的第一步。

正念教導我們「解決問題最好的方法就是面對它」，這是美國詩人佛洛斯特（Robert Frost）所說的。看看你能不能將瞬間的體認延伸到所有的事情上面，即使看不出它的意義何在也不要在意。也許它現在看起來不太對勁，但是你必須相信，帶著同理心的觀察，最終會帶領你進入新的領會。

Q 如果我活在當下的瞬間，又該如何計畫未來呢？如果我接納浮現出的任何想法和感覺，又如何能防止自己變得完全被動呢？

A 有些人擔心如果他們發展出正念的能力，並且精通靜心練習，那麼他們生活中大大小小的事情都會變得枯燥乏味。他們認爲正念可能會使得自己只當個人生的旁觀者，而非積極的去參與。其實並不盡然。正念幫助我們一步步地接近所有瞬間和所有經驗的本色，完全不帶包袱地面對所有事物的外表和感受。

這並不意味我們失去分辨我們喜歡和不喜歡的東西的能力，而是我們了解到我們的世界觀會影響我們創造的每一個經驗，以及同樣的經驗也許會受到另一個人不同的解讀。我們仍舊會對事情有所反應，但那是有意識的反應；當我們在做一件事情時，我們知道自己在做什麼。

對每一瞬間都保持正念，並不表示我們要放棄緬懷往昔或是不該設定目標。我想引述一行禪師的話：「活在當下並不表示你不必回想過去，或是有責任地計畫將來。」他說道，「這個概念只是不讓你迷失在無止境地追悔過去和擔憂未來上面。如果你穩穩地扎根於現在，就可以把過去當作一個可參考和可修持正念與專注的對象。你可以藉著回顧過去而得到許多洞見，但是你仍然扎根於當下。」

我們越能直接和密切地跟自己的想法、感覺和經驗取得聯繫，就越能有力地先發制人，因爲我們可以獲得更多資訊、做出更好的選擇，並且更不會被未受檢驗的習慣所驅動。以正念來接受譬如憤怒和忌妒等負面的感覺，並不表示你得讓自己變成一張白紙，任憑負面情緒的薰染或是用負面情緒做出不負責任的舉動。其實完全相反。除非你認知一種想法或情緒只不過是你人類功能的一小部分——你可以觀察到它不是持久的，所以它不能完全代表你這個人——否則你無法跟它建立起健康的關係。

內化：你學會安住在情緒中了嗎？

在本週，我們進行的是承認痛苦的感受（憤怒、恐懼、絕望、忌妒、厭惡、沮喪）和不安的念頭（我恨每個人！我想要奪門而出，永遠不要回來！我希望自己能夠消失！為什麼倒楣的是我，而不是她？），是讓人類經驗更爲豐富不可否認的一部分。它們就像所有的念頭和感覺一樣，無法受我們掌控。我們得提醒自己，想法並不是行動。我們持續不斷地觀察阻擋在我們和直接經驗之間的習慣性反應和批評，不知不覺地，它們在未徵得我們的同意下，悄悄驅動我們的行爲。如果我們能在靜心冥想時，改變自己處理情緒的方式，將來就可以把這些健康的改變帶進我們的生活中。

就像一個壓抑自己不去打對方一巴掌的男孩一樣，我們學著在情緒和習慣性反應之間創造出一點空間。光是停駐在當下這件事，就是一個足以回味的勝利。如果我們忙著從眼前的經驗中逃走，或者我們沉溺在其中或是被它所定義，我們就沒辦法展開新的學習。如果我們能夠跟自己的經驗形塑出一種新的關係，我們除了對自己會有新的了解，最後還可以把這層新的理解擴及別人。

以下是三個學生的故事，他們分別以不同的方式，改變了自己跟某一種經驗的關係。在往後的生活中，他們也可以運用在靜心練習中學到的這些技巧，也就是承認情緒，停駐在當下，並且認出附加的包袱。簡言之，他們都學會了靜下來好好想一想，選擇另外一種反應。

一位靜心初學者是個語言治療師，她很驚訝地發現，靜心練習可以幫助她抓出她在痛苦的情況下所附加的根深柢固、未受檢驗的臆測。「一天早上，我等著接受一個優秀學區的學校面試。我坐著，跟隨我的呼吸。」她說，「這對我來說是個完美的工作，但是我不斷浮現的念頭卻是：我得不到這個工作，我得不到這個工作……。我不敢相信在那段時間裡，我對自己說了多少次。我能記得呼吸，也算是個奇蹟了。

「二十分鐘的靜坐結束後，我跟自己對話。我用提出證據的方法，戳破了我不會得到那個工作的想法：我大學畢業後一直有份工作，所以我可以得到這份工作。是啊，可是都沒有像這份工作這麼好。我的工作已經不錯了。不過，一定會有人得到這份工作；有可能是我會得到它。我非常夠格。接下來，我聽到自己用我媽媽的語氣，我十分肯定那是我媽媽的語調，說：丫頭，你別得意得太早，你是不是又在自我感覺良好了？對我來說重要的一課是，如果我沒有靜靜地坐下來跟隨呼吸，並且安靜地慢慢觀察我的想法，我就無法察覺到我正在用我媽媽的語氣打擊自己的士氣，並且拚命踩自己的痛腳。也許有一天，我會打消覺得自己是好運絕緣體的信念。這已經是很好的第一步了。」

另外一個女子用靜心練習改變了一種負面的狀態。「我是替所工作的電力公司宣傳一個大型行銷計畫團隊的一員。」她說，「我做了一份長長的、複雜的初步計畫給我的新上司，她把它還給我，叫我從頭修正。我很生氣！我開始想到我遇過的每個蠻不講理的上司。我工作得這麼賣力，她卻百般刁難我交出去的東西，但如果我不妥協，可能就會被炒魷魚，我該怎麼辦呢？之後我想到，我最好照她要求的去做，公事公辦。我照做了，沒想到她又退回來叫我修改更多。我變得更生氣，花更多時間想到過去悲慘的經驗和苦難的將來。我氣呼呼地想著那些狀況是多麼不公平和讓人受不了，但是後來我想到，等等，這是一項臆測。我可以測試它，它正是我可以用來練習的東西。它是真的那麼讓人無法忍受嗎？它是真的不公平嗎？如果我拿掉我憑空想像出來的將來，以及屬於另外一個上司的歷史和一個完全不一樣的環境，當下還會這麼糟糕嗎？

「隨後我決定照我學到的方式，跟隨我的呼吸，放掉憤怒，跟我愚蠢的報告面對面。我問自己：如果把你受了傷的驕傲，以及新上司對你的看法的焦慮撇在一旁，你在這一分鐘感覺到受苦嗎？我必須說，並沒有。上司的意見有沒有幫助？答案是有。這個案子有沒有趣？答案還是有。我想如果我停駐在當下，並且聚精會神在工作上，把其他的雜念都放掉，這會是一個非常有趣的挑戰。我靜下來沉潛其中。事實上，我的上司又把報告退回來一次，但我並沒有生氣。她說，她對完成後的成品印象深刻，我的態度尤其讓她感動。」

最近又有名女子告訴我一個可以當作教案的故事，這個故事被她稱爲「替代物靜心的力量」。它強調兩種非常常見的經驗：處理枯燥無聊的感覺，以及庸人自擾地設想一個不快樂的將來。「我的一個朋友參加了減重班，她告訴我，她正在奮戰。」這名女子說，「我對此感同身受。我也曾去過減重班，跟她做過同樣的事情。但是她隨後告訴我一件讓我豎起耳朵聆聽的事情，這是我在上靜心課程之前不曾注意到的。她抱怨減重課程有多麼的無趣，她說，『如果連兩個星期的無聊我都忍不住，要如何打發接下來的兩個月！』教材案例！我想了一下並回答，『你爲什麼要擔心這兩個月會多麼乏味？你要想到的是現在，今天。事實上，就是這個下午。兩個月後，你不是對你的新曲線感到興奮，再也不用操心自己吃下了什麼東西；不然就是放棄了；再不然也可能是發生了不在你意料之中的事情。如果你感覺無聊，去認識你的無聊吧！跟無聊做朋友，實實在在地檢視它，看看無聊在你體內是何種感受。』那一刻，我的朋友看起來很……無法接受。接下來我只好說，『請盡量吃藍莓吧，它們好處多多，而且一杯藍莓只占減重課程的一個點數！』希望我這樣說能補償她一下。幾週後，我又跟她說了這個道理一次。我感到很振奮，因爲從靜心中得到的這些概念，似乎在我心中生根了。」

* * *

即使在相對來說非常短促的靜心時段中，我們都可以看出，不管是多麼強烈的想法、感覺和肉體的感受，都脫不出到達、離去和猶如萬花筒般的變幻莫測。接納（如果只是片刻）萬事萬物都不長久、並且持續在轉變的事實，是一種觀微知著的方式。只要我們學會在想法和感覺改變時泰然以對，就是跨出以更隨緣的方式面對生活原貌、而非硬要它合乎我們期望的第一步。持續修持正念，可以幫助我們友善的接受世事無常這個概念——歡樂、悲傷、恐懼，沒有任何一個是不變的。

認清想法和情緒是多麼的變化多端，你也就不必認爲，如果我感到忌妒，我一定是個很糟的先生和壞人。你必須明白，你只是一個有那種忌妒的想法和許多其他想法的人。當我們意識到自己的想法時，我們既不逃避，也不迷失在其中。我們反而要判斷我們要在什麼時候和該不該對之有反應；我們會變得更能判別哪個行動會引領我們得到快樂，哪個會讓我們招致痛苦。靜心冥想允許我們觀看和接受當下的自己，有時易怒、有時溫和，有時懦弱、有時剛強，有時害羞、有時驕傲，有時迷惑、有時清明。靜心冥想讓我們明白，我們現在的感覺並不會持續到永久，也不能蓋棺論定我們是什麼樣的人。

第四週

慈愛：培養慈悲心和獲得真正的快樂

慈愛的力量

當我遇到跟我學靜心的朋友拉蔻兒時，她熱情的告白讓我嚇了一跳。「我愛上了我的乾洗店店長！」她說。

我上一次看到她是半年前在一個閉關中心，我在那裡教授慈愛的力量。看到我聽見她的新戀情時滿臉笑容（我可以如數家珍地說出她的約會史），她笑開了。「不是啦，我並沒有浪漫地愛上他。那位乾洗店店長只不過是我挑選來讓我專注於慈愛靜心的對象。」

我曾經要求參與閉關的學員，要他們選擇一個在他們周遭而他們對之沒有那麼強烈感覺的人，事實上，是一個他們很少注意到的人，然後在靜心冥想時，開始經常對那個人付出關心，想著他們，並且希望他們事事如意順心。「現在，」拉蔻兒說，「我每天靜心冥想時，都把這個人放在心上，並且有意識地祝福他事事順心。我發現我現在超想要進店裡去看看他，我眞的很關心他。」

儘管這名男子無疑是個很普通的乾洗店店長，拉蔻兒也並非因爲感念他很會處理衣服上的汙漬，而突然對他產生依戀。她並不感激他，也不知道他有什麼特別的憂傷和苦難。他們之間關係的改變，只不過是因爲拉蔻兒不再忽視他，反而把他納入注意範圍內。

我一再地聽到做慈愛靜心的人有像拉蔻兒一樣的反應。慈愛靜心練習是要帶著興趣和關心來注意我們和別人。在慈愛靜心當中，我們將先關注自己，然後是一個我們熟識的人，再來是一個不怎麼熟悉的人，就像拉蔻兒的乾洗店店長，接下來就是一連串其他的人。學生們告訴我，當他們做這個練習時，感覺到強烈的新的連結，不僅是對一度他們所視而不見的人——我曾看到一名女子在提到她的銀行員時，臉上閃著光芒，一個實際上的陌生人不知不覺地成爲她送暖的對象——也是對他們所忽視的點頭之交，和背地裡說過他們壞話的人或是躲得遠遠的人。「我開始做慈愛靜心，並且對一個特別難相處的同事送出祝福。」一名男士告訴我，「我抱著很大的懷疑，因爲這個傢伙一點也沒有因此變得好相處一點，但是儘管他常惹火我，我卻對他產生更大的悲憫，我開始看到他就跟大家一樣，都有自己的困境。」

有些時候，慈愛被形容爲把友誼延伸到我們自己和別人——不是那種喜歡每個人和普及眾生的概念，而是打從心底知道我們每個人的生活都息息相關。慈愛正是一種尊敬這種連結之心的力量。當我們練習慈愛的時候，我們認知每個人都同樣想要得到快樂，並且同樣地很難承受改變和隨之而來的痛苦。

由史提夫．卡爾（Steve Carell）飾演單親老爸的《老爸行不行》（*Dan in Real Life*）電影中，有一句台詞似乎總結了慈愛的本質。戲裡的一個人脫口說出，「愛是一種能力，不是一種感覺。」我聽到之後，在戲院裡倒抽了一口氣。

慈愛是一種貨眞價實的愛的能力，正如研究科學家所顯示的，慈愛是可以學習的。它是一種需要冒點險來覺察的能力——用慈愛而不是用反射性的批評來看待自己和別人；並且把我們的關切投向以往沒有注意到的人；無條件地關心我們自己，而不是想著，「只要我不犯錯，我就會喜歡自己。」慈愛是集中我們的注意力、並且認眞傾聽別人的能力，即使對某些我們認爲根本不必浪費時間的人也一樣。它是在我們所不認識的人身上看到人性，並且在我們認爲難相處的人身上看到他所受的痛苦的能力。

慈愛不同於熱情或是浪漫的愛，它也不是濫情的感傷。誠如我所說的，我們付出慈愛的時候，並不一定得要喜愛或贊同那個人。把我們的注意力集中在涵容與關心，可以創造出一種強大的連結能力，藉著把每個人都看成「我們」的方式，挑戰我們／他們的世界概念。

以下就是慈愛在小場合中的運作方式。有許多表演者告訴我，如果會怯場，他們會先做一次短短的慈愛靜心：他們會在表演前，先對著一群觀眾演奏音樂或者背詩，然後送出祝福給在場的每一個人。「當我這樣做的時候，」一位歌者告訴我，「我不再感覺觀眾是一群帶著敵意、等著批判我的人。我的感覺是，現在好了，我們都站在同一條陣線上了。」

有些時候，慈愛以同理心的型態出現，原因不外乎感受到我們的或別人所遭受的痛苦或折磨，以致心湖起了波動。同理心會克服我們隔離自己的傾向，讓我們感同身受，看到別人痛苦時，我們會挺身而出，因爲同理心讓我們不致於擔心自己會受到連累。當我巡迴授課到華特．里德軍醫院（Walter Reed Army Hospital）的一所分院，準備要給在那所醫院工作的護士上靜心冥想課程時，邀請我去巡迴授課的女子對我說，「還能留在這裡工作的護士並沒有在痛苦折磨中迷失；她們是在精神上收放自如的人。」對這些護士來說，悲憫並不意味著被哀傷所壓制，以致喪失幫助病人的能力；反之，她們善用自己和病人之間的彈性，見機行事。

有些時候，慈愛以替別人感到高興的型態出現，也就是有能力爲別人的幸運和快樂而感到開心。當有好事發生時，大家眞心地替我們高興，他們的反應對我們來說是一個莫大的禮物。有些人可能並不會因我們的成功而跟我們一樣高興；他們也許表現得像在替我們高興，但我們可以感覺到如果我們沒那麼開心，他們反而會比較快樂。有能力感受跟別人一樣的快樂，讓我們無視於當我們聽到朋友的勝利時，偶爾會浮現的心底聲音，這個聲音說，噢，如果他不是這麼順遂，我會感覺好一點。

慈愛靜心可以加強我們感同身受的快樂的能力，因爲它幫助我們跟別人產生連結。當我們超越被別人的成功威脅和自慚形穢的感覺時，我們才會明白自己並沒有任何東西會被帶走。事實上，慈愛增加了我們自身快樂的機會。達賴喇嘛指出，這世界上有那麼多其他人，如果他們快樂時，我們也感到同樣的快樂，那麼我們愉悅的機會，「增加了六十億倍，這眞是好極了！」道理就是這麼簡單。

哥倫比亞大學佛學研究系教授羅伯．瑟曼（Robert Thurman），常常用有趣和強烈的影像來形容慈愛且慈悲地活著，會是什麼樣子：「想像你在紐約市的地鐵上，」他開始說了，「然後外星人入侵，將地鐵車廂封閉了起來，因此車廂裡的所有人都將在一起……直到永遠。」我們該怎麼辦？

如果有人餓了，我們拿東西給他吃；如果有人害怕得不得了，我們試著安撫他。我們也許並不喜歡每一個人，也不贊同他們，但因爲我們將永遠待在一起，所以我們必須好好相處，互相照顧，並且承認我們是生命共同體。住在地球上不就像是待在那節地鐵車廂裡嗎？我們都將永遠在一起，我們的生命息息相關。

在本週，我們將要練習的靜心會讓我們擴大慈愛、悲憫和同感的喜悅，遍及地鐵車廂裡的每一個人，包括我們自己在內。

試試這個技巧

快樂一定夠我們用

當我很難爲別人的好運產生感同身受的快樂時，我會自問：如果這個人沒有這麼春風得意，我會得到什麼？很明顯的，如果別人有損失，對我並沒有任何好處。

通常我們沒有意識到，我們認爲別人的順遂本該是屬於我們的，但是因爲命運可惡且不公平的大轉彎，所以去到他們那兒了。但是，這當然是一個需要檢視的臆測。

培養同理心的喜悅爲我們打開了一扇大門，讓我們明白，自己並不會因爲別人的快樂而損及半分半毫。事實上，每個人都會因爲世界上的喜悅和成功變多而受惠。

修持慈愛的方法之一，是看到某一個人的優點。看到優點並不是說要忽略缺點，或是寬恕我們認爲是有害或者危險的行爲。但是如果我們一心只想挑一個人的毛病，就會跟他產生疏離感。也許我們可以瞥見他一絲絲的優點。如果我們跟那個人相處時，只看他那一絲絲的優點，那麼我們就不必費那麼大的勁來跨越「我們」與「他們」之間的鴻溝。

當我首次練習慈愛靜心時，就發生了同樣的事情。當時我正在緬甸跟隨一位老師，他告訴我，「我要你回到房間，想一些人和他們的優點。然後再檢視其他被你分類爲不熟和很難相處的人，並且想想他們的優點。」我的第一個念頭是，我才不要這樣做。拚命去尋找一個人的優點，這是蠢蛋才會做的事情。我甚至對會這樣做的人嗤之以鼻！但是我當時身處緬甸的佛寺，當你的老師建議你去做什麼的時候，你不能說，「我不喜歡這樣做。」所以我遵照囑咐做了。結果是，慈愛自然而然地發揮了作用。我想像某個我看不順眼、行爲舉止也往往讓我討厭的人，但是我記得有一次我看到他對一個身體疼痛不堪的朋友特別和善，而且做得非常低調，不讓對方覺得受到憐憫或者低人一等。當那個記憶浮現時，**啊哈**，我想到就是他了。**情況複雜了起來，現在我很難一直把他想成是一個壞人了。**

但這卻是一個值得叫好的歪打正著：我並沒有否認這麼做有難處或是假裝它並不存在，但我卻不會再僵化地將那個人歸類爲某一種特定的分類。因此，我感覺我們之間的距離越來越近。當我允許自己找尋他人的優點時，我發現我跟別人的連結改變了。

這就是練習慈愛的關鍵——認清所有人都希望自己是圓滿或有意義的一份子；我們都容易因爲改變和損失而受傷；我們的人生變化多端，可能一下子就失去了所愛，失去了畢生的積蓄或是工作；我們會出類拔萃，也可能每況愈下，每個人都無法避免。不管現在如何，我們都要面對不斷的變化所造成的傷害。唯有全盤了解上述狀況後，我們才可以打從心底做出反應。慈愛靜心讓我們用自己的痛苦跟別人的痛苦，當作彼此連結而非互相阻斷的工具。因此當人們做出笨拙的行爲時，我們才可以看出他們其實正在受苦，他們同樣也想要快樂。

課前準備：請先祝福自己吧！

慈愛靜心練習靠的是重複默念某些句子，這些句子首先表達對自己的善意，之後是對一連串他人的善意。類似常用的句子有：**祝我平安（或祝我免於危險）**，**祝我快樂**，**祝我健康**，**祝我順利**——祝我平順地過日常生活。這個「祝我」並不是用乞求或懇求的口吻，而是大大方方地祝福自己和別人：**祝我快樂**。**祝你快樂**。

在做這樣的靜心冥想時，你不必試著製造某種情緒，不需假裝喜歡一個你討厭的人。你可以在不必喜歡對方的狀況下送出慈愛。你正在確認你的連結。這個練習的力量就在於聚集每一個句子之後的注意力和能量。

我的一位學生對我說，起先她覺得慈愛靜心這個概念有點假惺惺和生硬，但她還是很專心地默念這些句子。儘管她心存疑慮，她還是感受到心中有股騷動和豁然開朗的感覺，當她送出祝福給自己和全世界時，她感覺到慈悲心變深且變寬了。

「剛開始似乎什麼都沒有發生，」她說，「接下來我猛然想起，我忘了去參加小孩學校的家長會了。我並沒有像往常一樣感覺羞愧並且把自己罵得半死，反而對自己說，可憐的傢伙，你心裡頭要記的東西太多了。這樣的念頭眞的嚇了我一跳，也讓我對慈愛靜心有了新的想法。我想，我所經歷的不僅僅是靜心冥想的動作而已。在此之前，我只看得見自己的過錯，但是因爲慈愛靜心，我的眼界放寬了，可以看得見我的優點，對自己也不再那麼嚴苛了。」

就像那位女性，我們之中有許多人都傾向於注意自己不討喜的部分。這些想法並不總是對的，但習慣會把我們的認知變得非常片面，導致我們忽略了許多正面的事物。也許我們總是批評自己沒把某件事做得很圓滿，而其實我們已經做得很不錯了；也許我們只記得下午多麼的痛苦，卻忘記了上午是多麼愉快。生活已經夠讓人筋疲力竭了，如果再對自己抱持這種偏頗的看法會加重內耗，讓我們更難滋養自己。本週第一個練習將幫助我們擁有更均衡和更慈悲的觀點。

第四週練習重點

在第四週，請加上第六天的練習。每一節的練習至少二十分鐘。請將一個或一個以上的慈愛靜心加入本週的練習中。

冥想操14 核心靜心：慈愛*

舒服地坐著或躺著，眼睛睜開或閉上都可以。先把慈愛送給自己，並在心中默念：祝我平安，祝我快樂，祝我健康，祝我順利。在心中不斷地默念這些句子，每一句和每一句中間都要有適當的間隔，好讓自己感受到愉悅。請聚精會神地默念每一個句子。

如果發現注意力跑掉了，別擔心，你可以放開讓你閃神的東西，重頭再來。**祝我平安，祝我快樂，祝我健康，祝我順利**。感覺、思緒或回憶可能來來去去，就讓它們浮現再消逝。在這裡，呼吸已經不再是你的錨。你的錨在於重複這幾句規律的句子：**祝我平安，祝我快樂，祝我健康，祝我順利**。

把一個恩人召喚到心中，這個人曾經幫助過你，你知道此人對你很好，或是一個你從未見過但深深啓發了你的人。想像這個人的模樣，默念他（她）的名字，感覺他（她）就在你身邊，並且送出慈愛句給對方。送給他（她）你給過自己的祝福：**祝你平安，祝你快樂，祝你健康，祝你順利**。當你想像著恩人的模樣時，可能會浮現一些念頭。你也許會對自己說，這個那麼偉大的人，有可能會需要我的祝福嗎？當你的注意力穩定地放在重複這些句子時，讓思緒從腦中消逝。

即使這些句子裡的話並不恰當，或者覺得它們聽起來很奇怪或拗口，都沒關

＊請聆聽線上音檔，英文第8、9首，或者中文第17、18首。

係；它們是產生連結的工具：**祝你平安，祝你快樂，祝你健康，祝你順利**。

召喚一個你知道他（她）受到傷害或是現在過得很痛苦的人，進入你的心中。想像他們的模樣，默念他們的名字，並且送出慈愛句給對方：**祝你平安，祝你快樂，祝你健康，祝你順利**。

如果發現自己的注意力跑掉了，不必氣餒，輕柔地放掉它，回來，再開始慢慢地默念這些句子。

召喚一個你現在或以前遇到的人——一位鄰居，超市的收銀員，你遛狗時碰到的人。也許你連對方叫什麼名字都不知道，但是你想著他（她）的模樣，感覺到他（她）出現在你面前。儘管你不知道此人的背景，但是你知道他（她）跟你一樣想要得到快樂，跟你一樣脆弱，一樣會感到痛苦和失落。你可以祝他（她）好運：**祝你平安，祝你快樂，祝你健康，祝你順利**。

召喚一個很難搞的人進入你的心中，一個跟你處不來的人，或者是一個講話或行爲舉止都讓你很不舒服的人（請見以下222頁「送出慈愛給難相處的人注意事項」）。如果你選了一個很難纏的人，但是發現自己很難對此人送出慈愛，那麼就回歸到送慈愛給自己。在那個時候，你是受苦的那一方，因此應該得到慈悲的關注。

最後，你可以把自己的祝福，也就是慈愛的力量，送給世界各地的所有眾生，所有的人，所有生物，已知的和未知的，近的和遠的，所有存在的東西：**祝你平安，祝你快樂，祝你健康，祝你順利**。

當你感覺準備好以後，便可以張開眼睛。請看看能否把慈愛帶進你當天的生活中，找一些機會對自己和周遭的人默默複述這些句子。

冥想操⑮ 情緒或身體受傷時所做的慈愛靜心

我們直覺的智慧常常告訴我們要放掉，要和平，不要浪費力氣想要控制什麼。但是我們的文化制約和個人經歷卻告訴我們，我們應該掌控別人，緊握住愉悅不放和分散注意力，這樣才能得到快樂。我們的智慧和我們受到制約的想要緊握不放、控制人或局勢，往往背道而馳，我們因而深陷於拉扯之中。當我們的情緒或身體受到痛苦的挑戰時，千萬要注意我們的直覺。因爲我們需要信任和仰賴的就是直覺，它是通往快樂更眞實的道路。

送出慈愛給難相處的人注意事項

當你決心送出慈愛給難相處的人時，第一個對象千萬不能是你或全世界最痛恨的人。反之，選一個不那麼讓人討厭的人，也許是一個你有點害怕或是跟你有一些過節的人。

我們用一個相對來說比較好相處的人當開端，因為我們需要能夠觀察自己的反應而不致於被他們壓制。我們在做練習時不該用一顆沉重的心，而該用一顆探索之心來容許我們溫和地看著自己和多種的抗拒，這些抗拒包括了我們不肯把慈悲的注意力放在他們身上，以及不願意放掉對這個有問題的人的成見。

你也許對這個接受你慈愛的人感到憤怒。有時氣憤會帶來清明，它可以看穿社會的規範、否定、共謀和偽裝。但是憤怒也會導致幻想破滅。我們被侷限在非常狹隘的「我們是誰」的定義中，侷限在定型化的「我們未來會變成什麼」的樣貌中，並且忘掉了改變的可能性。如果你發現自己感覺到憤怒，請試著想起你以前在這種狀態下的經歷，以及這樣的限制曾經如何讓你喪失了更大的遠景。

人們往往將放掉憤怒跟放掉原則、價值以及對與錯的觀念混為一談。但是我們沒有必要讓這樣的情況發生。我們維持觀點的清明，卻不致迷失在有害的憤怒觀點中，譬如頑固、不給選項、失卻洞察力、破壞性和傷害性的行動，以及忘掉我們真正最想要關心的事情等等。這就是慈悲力量的啓蒙。

送出慈愛給一個難相處的人，事關我們認知跟一個人的連結會發生什麼事情，而非只看到我們跟他的衝突。我們只關注那個人的痛苦，而不是他或她所做違逆我們的事情。

當你越來越能自在地面對這種練習時，你就可以很放鬆地做這件事情，甚至還可以把慈愛擴及一個傷你更深的人。

你送出慈愛給一個難相處的人所用的句子，也許要好好修改一番，這樣你才不會感覺那麼掙扎。你可以試試下列這個屬於自己的版本：

祝你充滿慈愛。

祝你快樂並擁有快樂之因，諸如清明及和善等等。

祝你不再受苦並免於痛苦之因，諸如惡意和忌妒等等。

祝你免於憤怒、敵意和苦痛。

送出慈愛給一個難相處的人是一種心靈放鬆，並且也把自己從恐懼和有侵略性的怨恨中釋放出來的過程——一個有深度的、具有挑戰性和解放性的過程，同時亦是一個曠日費時的過程。有一個人在送出慈愛時，充滿不耐煩和沮喪的情緒，在這種無法全心全意地送出慈愛的狀況下，他問道，「我們要根據誰的時間表？」當然，我們根據的不是其他人的時間表，而是我們自己的時間表。

慈愛靜心可以幫助你達成這個目的。運用下列的一、二種或甚至三種慈愛句。隨你高興做更動，或是創造對你個人來說很重要的新句子。

首先用五到十分鐘試試這個練習，然後轉移到呼吸靜心（見第一週，74頁），或是218頁的慈愛靜心。如果你發現悲傷、沮喪、恐懼或是不安一直讓你分心，請回到默念那些句子以回應你的痛苦。

舒服地坐或躺在地板上，深深地、輕輕地呼吸幾次，讓你的身體安定下來。把注意力放在呼吸上，開始跟隨呼吸的韻律，默念你選擇的句子；或是僅僅將注意力放在那些句子本身，感覺你所說的每句話的意義，但是不要強迫自己有什麼特別的感情反應，讓練習帶著你走。

祝我接納這個痛苦，而不去想它讓我不開心和出錯的一面。

祝我牢牢記住我的意識比我這副軀體大得多。

祝所有幫助過我的人平安、快樂、安寧。

祝宇宙萬物平安、快樂、安寧。

祝我對自己和別人的愛源源不絕。

祝慈愛的力量支撐我。

祝我向未知敞開心房，就像鳥兒一般自由翱翔。

祝我接納我的憤怒、恐懼和憂慮，並且知道我的心並不受限於此。

祝我免於危險，祝我安寧。

祝我免於憤怒、恐懼和懊悔。

祝我安逸地生，安逸地死。

當你感覺準備好的時候，張開眼睛。

冥想操⑯ 給看護者的慈愛靜心

我曾在內觀靜心協會帶領看護者做過一次閉關活動，這些看護者包括媽媽和爸爸；兒子、女兒和伴侶；護士和安養院工作人員、治療師、附屬於各機構的牧師、醫學院學生，以及許多其他人。除了他們滿臉的倦容，我感到最驚訝的是，不管他們的服務是多麼困難和令人洩氣，我看到他們絕大多數都認爲他們的服務是一項榮寵。這是他們心靈美麗的一大證明。我也明瞭到任何一個持續擔任照護角色的人，儘管有著世界上最有善意和最好的心腸，他們卻瀕臨了油盡燈枯的困境。

嫻熟的看護者仰賴平衡——取得對於自己的愛與慈悲，和對別人的愛與慈悲之間的平衡；取得充分敞開自己的心房，和接納人的變化極限之間的平衡。平衡的心態讓我們得以照顧他人，但卻還是會因爲照顧工作非常吃重而疲於應付。

多年以前，在創辦「冥想臨終關懷訓練課程」的瓊．哈力法克斯禪師的要求下，我特別替看護人員寫下了慈愛靜心，以榮耀他們無以倫比的工作，並且希望帶給他們力量。以下就是這個靜心的摘要。

我們所用的句子反映出我們想要尋找的平衡。選擇一、兩個對你來說特別有意義的句子。下面就是可供選擇的例句，你可以任意改變它們，或者創造你覺得對你特別有意義的句子。

開始做這個練習之前，先舒服地坐下或躺下。深呼吸幾次，溫和地呼吸，讓你的身體安定下來。把注意力帶到呼吸上，然後一遍遍地默念你選擇的句子，跟隨著呼吸的節奏。你也可以實驗不把呼吸當作錨，將注意力限定在這些句子上，感覺你所默念的這些句子的意義，讓這項練習帶著你走。

祝我找到可以給予別人、我自己也接收得到的內心泉源。

祝我維持安寧，放掉期待。

祝我給予愛，並且知道自己無法控制生命的歷程、痛苦或死亡。

我關心你的痛苦，卻無法控制它。

我祝你快樂和安寧，我知道我無法替你做決定。

祝我帶著慈悲看到我的極限，就像我看到別人的極限一樣。

祝我以我希望看到自己的樣子看到你，跟生命一樣壯闊，偉大到超越你的需求或是你的痛苦。

當你覺得準備好的時候，張開眼睛。

冥想操⑰　看到優點的靜心

以放鬆和舒服的姿勢坐下或躺著，眼睛可以張開或閉上。首先，看看你能不能想到昨天所做的一件好事。這件好事不必是多麼了不起的事情。也許是你對著某人微笑；也許是你傾聽別人傾吐；也許是你被一個慢吞吞的店員惹毛了，但你卻沒有發作；也許是你把回收的垃圾拿出去，發一封有趣的文章給你的叔叔，謝謝一位公車司機。現在再多想兩件事情。

請記住，想到自己做對的事情並非自鳴得意。對於你所傳達出來的善意感到喜悅和滿足，並沒有什麼不好。坐下來花一點時間，回憶你做對的事情。

如果你一時想不到你做了什麼好事，那也沒關係：坐下做這個練習，靜心，數數。這是跟自己做朋友的方式，表示我們願意擴大我們的覺知，踏出常軌，嘗試新鮮的東西，這都是非常正面的事情。

現在想起一位曾經對你伸出援手的恩人。想像他心中的善意，感謝他的努力和仁慈的行爲。

想到一位好友。想像他善良的行爲，以及你倆共處時的美好時光，感激他內心的良善。

想到一位現在正陷入困境中的友人。想想他內心的良善——當他伸出手幫助你時，他本身堅強的力量。你可以看到這個人並不僅限於他的問題，他是大大超越這個問題的人。

想想你自己的那段困境。你能不能看到自己超越了你的問題，而且是有潛力成長和改變的？記得那個困難——一本爆滿的行事曆，一個煩人的配偶——是會改變的，它並不是永久的，這就是我所謂的「超越這個問題」。要記住，即使你發了脾氣或是感覺受到壓抑，你都可以重新開始，重新得到平衡，這就是「超越這個問題」。

想一個有點難相處的人，你們發生過衝突，看看你能不能在他做過的事情裡面或做過的選擇中找到優點。如果找不到，那就光是想到這個找你麻煩的人跟你、你的朋友和所有人一樣，都想得到快樂。

靜心結束前，想到每個人都想得到快樂——你，你的朋友，找你麻煩的人。**所有人都想得到快樂，祝他們得到快樂。**你可以一遍又一遍地默念這些句子。**所有人**

都想得到快樂，祝他們得到快樂。

當你準備好的時候，結束這節靜心。

這次練習結束之後，你有沒有得到吉光片羽，對事情的看法出現了容納更全面角度的空間？感覺空間變大是一種淡定、一種均衡。有淡定的態度，並不表示你永遠不會被壓抑或是被折磨得筋疲力竭；它指的是，我們運用注意力來提醒自己並非沒有其他的選擇。當我們的人生有波折時，我們應該記住這並不代表我們只是個活該倒楣的人；當我們庸庸碌碌過一天時，我們也該記住我們有辦法對自己寬厚，並且正視我們跟人類社區的連結。

冥想操⑱ 安撫內在批評的靜心

可以用任何一種姿勢做這樣的靜心，眼睛張開或閉上皆可，只要保持放鬆就行了。召喚一個最近碰到的難受情緒到心裡——忌妒、恐懼、貪心。注意你對這樣的情緒有何感覺？你會覺得羞慚嗎？你會不會因爲這樣而不喜歡自己？你會不會覺得你應該有辦法防止它發生？你是不是認爲自己因爲有這樣的感覺而是個壞人或是犯錯的人？現在如果你把「壞」改成「痛苦」，看看你能不能認清忌妒或害怕的感覺是一種痛苦的狀態，是一種受折磨的狀態。看看你在做這種改變時，你和那種感覺的關係發生了什麼樣的變化。

現在，看看一旦你開始用慈愛和悲憫來看待那種情緒，它在你體內又是怎樣的感覺。觀察錯縱複雜的感覺，痛苦和慈悲都包圍著它。注意如果「壞」或「犯錯」的感覺再度回來會造成的影響。當你發現你在苛責自己時，請揚棄那個習慣性的反應，改爲同理自己，那麼你就是在練習慈愛。

你可以再想想負面感覺不斷出現、而你卻無能爲力這項事實。它們征服不了你，定義不了你，你不必對它們採取行動，或是因爲有這樣的感覺而感到羞慚。它只不過就是這麼回事，碰到誰都一樣。我們可以讓自己更快地看到它們，正視它們痛苦的本質，同理我們自己，然後放掉它。我們一定要想到，當某個人做了壞透了的事情時，不管驅使他們的是怎樣的負面情緒，這種負面情緒也會讓他們處在痛苦的狀態下，所以我們要慈悲對待他們。

如果你感覺準備好的時候，結束這節靜心。

冥想操⑲ 行走時的慈愛靜心

第二週介紹的行走靜心中，可以再加入慈愛練習。但是這次注意力不是放在行動的感覺上，而是聚焦在反覆默誦的慈愛句上。

一開始先對自己默誦兩、三個句子，譬如說，祝我安寧，**祝我快樂，祝我平安**。當你在走路時，你的注意力有些會放在這些反覆默念的句子上，有些會放在附近的環境上。當有人闖入你的意識時，譬如一個路人、傳來的狗吠聲或是鳥鳴聲，或是你印象鮮明地想起了某個人，你都應該迅速送他們一句話：**祝你快樂**。之後，你把注意力調轉回來，專心地把這個句子送給自己。如果你閃神了，重新開始就好，重複默誦：**祝我安寧，祝我快樂，祝我平安**。

回送慈愛句給自身，會給我們一個穩定的專注目標，不過我們還是可以自由地理睬和囊括所有闖入我們覺察的人。祝我安寧，祝我快樂，祝我平安。祝你快樂，祝你安寧，祝你平安。

也許進入我們心中的影像是一個我們所羨慕的人，或是一個讓我們有點懼怕的人。我們在行走時，可以送出慈愛給他們：祝你快樂，祝你安寧，祝你平安。

當你感覺準備好的時候，就可以結束練習。

冥想操⑳ 慈愛圈靜心

想像自己坐在一個圓圈裡，這個圓圈由你遇見的人當中你最喜歡的那些人所圍繞而成，或者是由你沒見過但卻啓發過你的人所圍繞而成。也許他們現在還在世，或者他們已成歷史，或者他們只是傳說中的人物。就是這樣的一個圓圈，而你在圓圈的正中央。

這是愛的圓圈。你可以體驗自己接受那些人傳達出的能量、注意力、關心和致意。默默複誦最能表達你希望的祝福句，不只是今天，而是一直都很想收到的祝福。找一些宏偉、開闊的句子。你也可以用我們使用的傳統句子，或是你可以挑選對你來說很有意義的句子，譬如：**祝我安寧**，或**祝我免於受苦**。

選擇三、四個句子，然後想像圓圈中圍繞著你的每個人都送給你這樣的慈愛句，這時會有各式各樣的情緒浮現出來。你也許會覺得感恩和敬畏；你也許會感到害羞，希望能消失，讓圓圈中的每個人互送慈愛而不要把你算上；你也許會覺得不值得受到這麼多的注意力，而且也不值得這些關注；你也許會覺得美妙極了。不管浮現出什麼樣的情緒，試著讓它船過水無痕。你的試金石是那些對你來說有意義的句子。想像你的皮膚上有很多孔，你透過這些縫隙在接收這股能量。你不必做任何特別的事情，才得以配得上這種認同或關注；它的到來只是因爲你存在。而且你可以把那樣的慈悲和愛回饋到圓圈裡，進而回饋到世界各地的每一個人，這樣你就能夠將受轉變爲施。

當你感覺好了的時候，便可以張開眼睛，然後放鬆。

第四週的省思

將你關心的焦點放在數十億的眾生之上（順帶一提，沒有人期待你在第四週結束時就可以去愛世界上的每一個人），似乎是很奇怪的事情。但是在即將結束練習時，送祝福給世界上的每一個人，可以提醒我們：我們跟極其廣大的生命網絡連結在一起，每日生活中的小小行爲改變和意圖的轉變，往往是用倍數方式向外擴散。

你可以把傳統的說法稍作更動，讓它們變成你個人獨有的句子，譬如：**祝我感到心平氣和**。這些句子要夠普遍，才能送給你認識和不認識的人。（因此，譬如：祝我得到匹茲堡鋼人（譯註：美國職業足球隊）的季賽票，就眞的很不恰當了。）

我曾聽到一句讓我深受感動的自創句子。我朋友的女兒維拉，當年七歲的她聽到二〇〇五年七月倫敦地鐵爆炸案時，傷痛萬分。她淚眼盈盈地說，「媽，我們應該來祈禱。」她和媽媽牽手祈禱，媽媽要維拉先說祈禱詞。她媽媽很驚訝地聽到維拉開頭就說，「希望那些壞人記得他們心中曾經有的愛。」

你也許會發現，當你持續做慈愛練習時，它會用出其不意的方式改變你。正念靜心是我們在第二週和第三週學到的靜心方式，讓我們看到我們眞實的經驗和我們根據它編織的故事之間的不同——我們不必要的贅述——並且讓我們選擇是否要繼續進行那個故事。慈愛靜心有力量改變我們的故事：如果我們最現成的故事，也就是形塑我們看待自己和這個世界的第一個反應，是隔絕、疏離或是恐懼，慈愛靜心就可以把它轉變成連結、關懷和慈愛。

以下就是慈愛可以改寫的負面敘述：

我一無是處。當我們將慈愛延伸到自己時——透過提醒自己看到優點靜心中做對的事情，以及慈愛靜心中送給自己的祝福——我們開始找出那個老掉牙的痛苦故事的漏洞。在做這個練習時，著重於認知正面情緒和成就，會讓我們更加認清自己，並且更能感受到我們受到的支持和滋養。

我是孤單的。認知我們相互之間的連結，可以消除孤立感。

如果別人快樂，就表示我的快樂會變少。當我們發展出爲別人高興的能力時，我們就會了解到快樂多到用不完。

只有某些人才算數。當我們練習慈愛靜心時，我們試驗看看開放自己的注意力給也許被我們忽略或是否定的人，因爲我們沒把他們當成一個人，而只把他們當作一種功能（旅館的女僕、UPS的快遞人員），而我們必須學習珍惜每一個人。

最近，我也運用了慈愛來轉化我對自己敘述的故事。當我被困在一架在跑道上待命四個半小時的飛機上時，我特別想到羅伯．瑟曼所說的被封住的地鐵車廂的景象。我熱得喘不過氣來；有人開始大叫「我要下機！」；駕駛對著擴音器，很堅定地告訴大家沒有人可以下飛機。我也感到非常沮喪。我要去土桑授課，但是卻聯絡不上要到機場接我的人，我很擔心他們。我很熱，在身旁叫囂的人也讓我覺得很煩。

然後我想到瑟曼的教案。我邊看著機艙邊想，也許這就是我的地鐵車廂，這些人就是跟我困在一起的人。事實上，我的覺察隨著我的態度而轉變，我對這樣的情景產生了興趣，不再嫌惡周遭的人，反而開始關心他們。我停止對飛機中的惡意火上加油。這樣做是不是多少幫了點忙？是的，它讓我改變了敘述的方式，我知道如果我們記住大家是息息相關的，我們就會記住我們之間會發生怎樣的互相影響。

常見問題Q&A

Q 做慈愛靜心，真的可以改變我們對一個難相處的人的感覺嗎？

A 我曾經接到過一個正在讀博士學位學生的電話，她訪問了十五、六個做慈愛靜心的學生。她說，每個人都告訴她同樣的事情：在練習的過程中，他們獲得的洞見告訴他們，不管某個人的行爲如何地乖戾，都是出於他身心上某處的痛苦。我發現這件事非常有意思，因爲這個練習並不一定要引出這樣的洞見。並沒有人要求我們反省或是思考這個部分，也沒有人要求我們把它當作一個信念。但是她爲了研究而訪談過的每個人，都有了相同的感覺上的轉變。當我們扭轉我們付出注意力的方式時，對於別人錯縱複雜的生命也有了非常不同的感受。我們也更清楚地知道，當我們做出魯莽或笨拙的舉動時，都是源於我們身心上某一處的痛苦，而我們可以把這樣的觀察延伸到別人身上。

Q 有時候別人的痛苦會喚醒我心中的同情，有時候我又覺得麻煩是他們自找的。我這樣想是不是很壞？

A 你是一個凡人。看到痛苦並不總會導向同情。我們也許會因爲看到別人的痛苦而感到害怕或厭惡，因而決定採取別的方式對待他們。我們也許會怪他們自尋煩惱，認爲他們應該要更努力地趕快振作起來。我們也許因爲埋怨自己人微言輕，在一個需要天大幫助的世界上起不了多少作用，以致堵住了自己的慈悲；或是因爲對我們做過的事情或說過的話（或是該說卻沒說的話），感到罪惡。也許我們自身即處於痛苦之中，感覺自己沒有那麼大的能量來同情別人。這些事情都有可能會阻礙慈悲心。

慈悲是眞實，它是平靜地認知事情的眞相。在你所提到的狀況中，也許意味著認知到這個人就是那麼故步自封，沒有好好地處理自己的問題。但是慈悲最終包含著看到諸如恐懼、擔心和忌妒等困難的狀態，並不是壞的、錯誤的或可怕的，而是一種受折磨的狀態。我們越能這樣做，就越能在心中生起慈悲。

Q 如果你送慈愛給某個人，卻對那個人沒有一點感覺，是不是就代表了練習失效？

A 我曾經多次經驗到在做慈愛靜心時沒有感覺，但這並不表示沒有事情發生。我們所冥想的愛是認知到一種實際上比情緒還深的連結。那句慈愛句是我們想要跟人產生連結的基本表示，我們希望被含納進來，而非被排除出去，我們希望用迴然不同的方式付出注意力。我們在句子之後放進我們的意圖，輕輕地捧住它。我們不想強擠出什麼樣的感覺。我們得讓練習帶領我們。有時候這些字眼對你來說或許不帶情緒，但它們還是容易在被忽視的狀況下運作。也許你對你認為應該有什麼樣感受的預期——一股伴隨著鳥鳴聲而來的感傷的愛之浪潮——阻礙了你看到慢慢發生在你體內那更精微、更深度的改變。

Q 有時候我覺得可以將全世界都涵蓋在我的慈愛靜心中，但就是無法包括那幾個讓我很生氣的人。當這樣的感覺浮現時，我要如何應付？

A 達賴喇嘛曾經說過，「如果你有一個敵人，而你經常想到他們（他們犯的錯和所做的壞事，以及你的悲傷），那你就眞的無法盡情享受任何事情。你食不下嚥，夜不安眠，那麼你爲什麼要讓對方趁心如意呢？」這是一種常識：我們越專注於他人的心智狀態，就越會被其所吸引，也就越無法獲得自由。

所以我們練習慈愛靜心，往往也是爲了對自己慈悲。這並不是說我們要喜歡這些人，而是說我們可以發展出另外一種看待他們的角度。你可以用想起每個人（包括那些想要卻不怎麼稱職的人在內）都想得到快樂做開頭。

Q 我害怕失去防衛或是照顧自己的能力。運用這些讓我心防大開的慈愛，好像我在身上貼了一個標籤，告訴別人，你可以任意欺負我，不管怎樣我都能接受。

A 這是一個非常重要的問題。在我們對慈愛的所有經驗中，我們都看得出慈悲並不一定會讓我們軟弱，讓我們多愁善感，或是讓我們更容易被別人利用。但是當我們發現到會有這樣的狀況時，當然會擔心：「我太沒有防人之心了。我這樣笑咪咪的，每個人都以爲可以對我或其他人爲所欲爲。」那是我們受制約的反應。我們應該要成熟，不再受「別人會對你得寸進尺」，或甚至「每個人」都想要占你便宜這種老套論調所擺布。

我們有著一種既定的概念，那就是：如果我們從慈悲出發，就只能對別人好和對每件事都點頭稱是。但有時候最富慈悲心的反應也許是說「不」——拒絕贊同某些人破壞性的行爲，畫出界線，或是試著竭盡所能地防止某個人傷害自己。練習慈愛靜心並不表示你不再分辨善惡或主動積極。

我的一個朋友是一個很棒的同理心治療師。有一天，一個男人懇求她收他爲病人。她發現他的政治觀點很偏激，對女性的觀感令人皺眉，而且行爲也很乖張。簡言之，她一點也不喜歡他，因此便慫恿他去找另外一位治療師。但是他非常想跟她合作，所以她終於軟化接受了他。

當他成爲她的患者之後，她便試著以慈悲取代藐視與害怕，來看待他拙劣的行爲。她開始看到他生活中非常艱苦的各個方面，以及他對外界封閉自己的各種狀況。很快地，儘管她還是認爲他的行爲不容否認地讓人不悅，但她發現自己得成爲他的同伴，好幫助他找到脫離苦海的出路。即使我相信她壓根都不喜歡他或是贊成他大多數的觀點，她卻可以深入地關心他。

Q 我身處一個競爭激烈的行業，我沒辦法替別人的成功感到開心，但我也十分討厭自己這麼的心胸狹窄。我該如何處理這樣的感覺？

A 你所形容的痛苦感覺，根植於你相信別人的成功和你的不幸都是一種永恆的狀態，而不相信世事多變。替別人高興也許很難，而你估計不會再有相同的好運發生在你身上，以致讓替別人高興這件事變得更不容易，所以別人飛黃騰達就意味著沒有多少幸運可以留給我們；而本來該到我們這兒的好運轉了彎，去別人那裡了。當你有了這種羨慕或怨恨的感覺時，最好不要說，「我很糟糕，因爲我感到忌妒」，而是去觀察你的習慣性反應爲何，並且看看它有沒有折磨你。

認出畫蛇添足的自我批評，也可能是一個溫和的解脫——我已經經歷過了，夠了，我可以放它走了；或是看出你最大的憎恨因何而生，並且知道這一點也是會改變的。我們得仰賴我們都已擁有的智慧，並且對自己說，「好吧，世事無常，我得繼續向前。」

培養更大的隨喜之心的方式，就是跟我們自身的快樂連結。當我們認爲自己一無所有時，便幾乎不可能替別人的喜悅感到開心。就像任何一種大方的精神，替別人開心植基於一種內在豐盛的感覺，那跟你在這個世界上有多少物質上或客觀上的財富是有區別的。知道我們的生命有價值，會讓我們發揮力量來關心別人，並且替他們的成功感到開心。慈愛靜心就能幫我們接近和了解這樣的學問。

Q 如果是在別人似乎不願開放或不願接受的狀況下，祝某人幸福是不是會冒犯到別人？

A 我仍會毫不遲疑地送出慈愛給那個人。這並不是要改造一個人：祝你改頭換面之後得到快樂。這是一個衷心的祝福，一個無條件給出的祝福，沒有線繩牽住它。別人可以收下它，或者不收下它；可以用奇怪的方式收下它，或是在它被送出之後很久才收下它。這都是一個謎。但是如果你一定要得出一個特殊的結果——祝你以下面十五種方式歡樂今宵，那麼你便需要捨棄一些東西。當我們做慈愛練習時，很容易會陷入期待結果的狀態。我們也許會自顧自地想著，我已經對你做慈愛靜心一個月了，為什麼你還是這麼不開心？一旦我們集中注意力關切某人之後，後面會發生什麼事情，就不是我們所能控制的了。

當某人因爲自己的選擇、決定和行動，似乎永遠無法脫離苦海時，我們可能會替他感到悲哀，或是因爲我們無法讓他改變而怪罪自己；或者我們在知其不可而爲之的狀況下，繼續鼓起勇氣祝福他早日脫離苦海。這時，我們內在就會湧現一股平靜，一種讓我們在不如意時不會被擊垮的鎮定和平穩。平靜也是一種均衡，這種均衡讓我們對自己說，沒錯，就只能這樣了，而我們並不會因此減少給對方的愛或慈悲。

內化：你體驗到送出慈愛帶給你的喜悅嗎？

慈愛靜心練習不需要假裝感覺到沒有感受到的事情，它並不會強迫你去喜歡某個人。它是一種讓注意力更能聚焦到我們和別人身上的實驗，讓我們願意踏出習慣性的軌跡，用迥然不同的方式看待我們和其他人。如果我們習慣只看到自己的缺點而看不到自己的優點，我們可以實驗看看將注意力放在自身良善的一面。如果我們習慣於忽視陌生人或是我們不熟悉的人的人性，我們可以實驗對其敞開心胸和覺察，對其產生興趣，對其產生連結。如果我們在跟別人對話時習慣性地不專心，那麼我們在跟下一個人談話時，可以試試看更全心全意地聽他說話。如果我們習慣根據自以爲是的理解來分類或排斥某個人，我們就可以實驗用嶄新的耳朵聚精會神地傾聽。如果我們全心全意地、開放地、有興趣地去觀察一個人，我們也許會發現那個人讓我們另眼相看。

另外一種實驗是很富科學精神的試驗，對慈愛靜心的力量提供了有形的證據。二〇〇八年威斯康辛大學的研究員發現㉕，慈愛靜心確實會改變大腦運作的方式。在他們的研究中，一群靜心新手和一群靜心老手，一起做慈愛靜心。首先，他們要設想一個他們喜愛的人，然後送給此人祝福；接著，他們再把這個祝福送給所有眾生；最後，他們要進入休息的狀態。

研究員利用功能性核磁共振造影來觀察兩組靜心團體的腦部功能，並且用沒做靜心的受控制團體做比對。參與靜心的受測者不斷地暴露在傳遞出正面（譬如嬰兒的笑聲）、或負面（譬如嬰兒吵鬧時的哭聲，或是一個痛苦的人的哭聲）、或中性（餐廳背景的嘈雜聲音）的聲音。沒做靜心的控制組也聽到同樣的聲音。腦波掃描顯示，除了控制組之外，靜心新手和老手在做慈愛靜心時，都因爲這些聲音，啓動了腦部連結到同理心的區域。暴露在負面聲音中的靜心老手比靜心新手，更容易體會同理心。研究員還發現，兩組靜心團體的腦島皮質（insular cortex）增厚。所謂的腦島皮質，就是腦部規範情緒的部位。靜心團體成員的杏仁核體也變得比受控制的非靜心團體成員更爲活躍。杏仁核體是評估進入腦部的刺激所包含的情緒內容。研究員推論，練習慈愛靜心會訓練腦部，讓我們更容易發揮同理心，並且更有能力讀取細微的情緒狀態。

慈愛靜心驅逐了「**我們**」和「**你們**」的幻覺，變成只有「**我們**」。我們可以將這種對生命的看法，帶進每日的遭遇和狀態中。今天並不單獨存在，它跟各種把我們帶進生命中這一刻的種種關聯和影響的網絡息息相關。有多少人或多或少影響了你做靜心的決定？有多少人愛你，或是敦促你？有多少人告訴你他們的靜心練習？

有多少人挑戰你，以致你決定尋找更多的內在平靜和理解？那些傷害你的人又如何把你逼到死角，讓你不得不想到，我一定要另尋出路，或是我一定要找另一種程度的快樂？這也許就是你在讀這本書的一部分理由。我們每個人都被息息相關的事件、原因和狀態，襲捲到了此時此地。你被一個龐大的社群帶到了當下。

你可以把那個人類社群想得更廣大。下面是可以讓你更加強慈愛練習的十種方式，你不僅可以在本週運用這十種方式，在往後的每一週也都可以用到它們。

十種加強練習慈愛的方式

1. 把慈愛想成一項優點，而非缺點

慈愛並不等同愚蠢或易受欺騙，而是等同於智慧和勇氣。

2. 看見自身的優點

這樣做並不是在逃避自身的困境或問題，而是在擴大自己的觀點，讓它變得更

確實和更平衡。看見自己的優點也可幫助我們看見別人的長處。

3.請別忘了每個人都想要得到快樂

如果我們深入探究任何一種行爲，必定會看見一種想要突破自身軀體和心智的侷限，讓自己更強大、更自在的強烈衝動。這股想要得到快樂的慾望，往往會因爲無知或不知道要何去何從而受到扭曲。請別忘了，我們共同的慾望能夠激勵我們走向仁慈。

4.回想那些幫助過我們或是啓發過我們的人

有時候即使某人的一個小恩惠，都可以大大地改變我們。培養感恩之心是對這些人致敬的方式，也是讓我們振作和提醒我們好心腸的力量的方式。

5.每天至少練習一個慷慨的行爲

每個人多多少少都有可以給出去的東西。也許是一個微笑，或是一個專注的對話；也許你讓一位陌生人插隊在你前面，或是給同事一個小禮物，或是在深夜寫一張感謝紙條。任何慷慨之舉，不管是物質的還是精神的，都是有意義的仁慈表現。

6.做慈愛靜心

我們每天都可以把其他人默默地放在心上，祝福他們事事順心。這個靜心可以包括對我們有幫助或是對我們有啟發的人，或是一個我們感覺到他們很孤單或是害怕的人，或是一個勝利和歡樂的人，或是一個讓我們有點畏懼的人。我們也可以環顧生活的環境，將特別想到的小孩和動物囊括進來。每天花個十分鐘做慈愛靜心，是一個強大的通往轉變的路徑。

7.專注聆聽

通常我們在跟別人談話時，只用了部分的注意力，至於其他的注意力也許放在等一下要發的一封電子郵件上；或是跟上一個人談話時忘記提到的一件事；或是根據過去跟對方接觸的經驗，我們已經猜到對方接下來要說什麼了。藉著聆聽重啓已經建檔的檔案，是一個強大的善意姿態，也是一個可以產生新鮮的和轉化彼此關係的反應。

8.將被排除在外的人帶進來

在跟一群人講話時，也許有人太害羞而不敢發言。在滿屋子愛開趴的人當中，也許有人會覺得格格不入。這個時候，不妨做那個打開小圈圈的人。

9.克制自己不要講別人的壞話

一個朋友告訴我，有一次他決定不要提到任何第三者；如果要提的話，他會直接對那個人說。如果你覺得很想貶損某人、編派他們的不是和指責他們居心不良，或只是想證明他們沒有那麼厲害的話，請深深吸一口氣。即使我們在說三道四的當下會感到很爽，但是我們在分化別人，散播紛爭和討厭的種子，到頭來對自己並無好處。其實我們還是可以在不訕笑和不譴責的狀況下，提及我們認爲不妥的行爲。

10. 當要論斷某人時，「穿著某人的鞋子走上一哩路」再說

就像這句老生常談一樣（編註：意指能夠同理別人的處境或難處），即使我們想要採取強烈的手段試圖改變別人的行為，先用同理心和理解的角度來看他們，並不會削弱我們的勢力。心懷仁慈只會讓我們採取更有慈悲心和更有創造力的行動。

四週以後

持續不斷的練習：訣竅是，「把你的身體放在那裡就好」

別輕言放棄，請持之以恆的練習靜心

有天，一個朋友邀請我出外吃飯，並且開門見山地對我說：「我做靜心冥想到現在已經三年了，」他說，「我必須誠實地說，我坐在那裡冥想時，我的經驗跟我的想像差很大。我還是有高低起伏的情緒；我會閃神，然後又得重頭來過；我仍舊會感到一陣陣的昏昏欲睡和躁動不安。

「但是我已經完全變成另一個人了。我對家人、對朋友和對自己越來越仁慈，也越來越有耐心。我更加融入社區。我越來越會想到行動的後果，以及我碰到某種情況下的習慣性反應。難道這樣就夠了嗎？」

「是的，」我一邊微笑、一邊回答，「我想那樣就夠了！」

這就是爲什麼我們要練習靜心冥想——我們會更體恤自己；改善跟朋友、家庭和社區的關係；過著與周遭環境更爲息息相關的生活；即使在面臨挑戰時，還是能持續關心自己眞正關心的事情，保持自己的行動與價值觀一致。

我一直很感興趣的一件事情是，儘管靜心練習侷限在一個小小的場地，你就只是在一個房間中，但是它給你上的人生課程，以及隨之而來的了解和體諒，卻是無比的廣大。

靜心練習是一種不斷地迎接我們經驗的過程，不管那是什麼樣的經驗，我們都給予它正念、慈愛和悲憫。靜心練習幫助我們明白世事無常，我們必須接受這樣的事實。我們努力練習靜心冥想，表示我們願意敞開心胸，願意接近我們曾想逃避的事物，願意對自己和別人有耐心，以及放掉先入爲主的觀感、放掉對未來的揣測和我們三心兩意地活著的傾向。

靜心練習幫助我們拋棄痛苦的積習，它向我們值不值得快樂的假設下戰書。（我們值得的，它非常感性地告訴我們。）它同樣也點燃了我們體內極其濃烈和鮮活的能量。藉著一個由練習靜心產生的強大基礎，我們可以開始過著一種有自尊，以平靜取代焦慮，以挺身向前關切別人取代退居一隅、故步自封的生活。

然而，即使我們知道靜心冥想有那麼多的好處，我們還是很難持之以恆地練習。在下面的章節中，你會看見讓你在未來幾週，加強自動自發、持之以恆能力的一些建議。

四週以後的練習重點

試著每天至少花二十分鐘練習靜心冥想，看看你是否能夠進步到把每節的靜心冥想延長到三十至四十分鐘。

過去四週以來，你有機會體驗到許多種靜心冥想練習。不管你用其中哪一種，都會很有收穫。從下個月開始，每次靜心冥想都只挑一種方式來做練習。當你更有經驗或更有自信後，你也許可以把每一節的靜心冥想分成兩部分，譬如，先做核心呼吸靜心，再做慈愛靜心；或者先做行走靜心，再做情緒靜心。選擇權在你。核心靜心仍然是我們的錨，行走或移動靜心則是將練習帶入日常生活行動的好方法。

如果你想要更為關注自己的身體，可選擇在第二週學到的身體掃描靜心。如果你感覺焦慮或不安，不妨選擇慈愛靜心。更重要的是，事實上，你是以專注、正念和慈愛的技巧，練習讓它們成真。

我在練習的最初期，曾經清楚地感覺到正念在某處等我；我一定要非常努力、非常堅決，才能抵達正念。但是某一天，突然間，在一陣拚命努力之後，我差點就要抵達正念的那一刻時——就像是即將成功攻頂並在山頂插上一面國旗，我突然了解到，正念並非可遇而不可求，也不是遠在天邊。我對這件事情的看法突然變寬廣了，而我的理解力也轉變了：正念一直與我同在。每當我記起它的時候——我注意到自己忘記練習正念時——它都跟我同在！我不需要改善我的正念，或是跟別人的正念看齊；它早就很完美了。你的也一樣。但是忙碌的生活和複雜的人際關係，總是會讓我們忘記這項事實。我們練習的理由之一，就是想起那項事實，以便整天都記得要保持正念，久而久之，我們會更自然而然地想起它。定期練習可以讓正念成爲我們的一部分。

靜心冥想從來就不是單一的事情，你會經歷瞬間的寧靜、瞬間的悲傷、瞬間的憤怒和瞬間的昏沉。它的領域不斷地在變化，但我們多半只關注它負面的部分：「這個痛苦的經驗將會延續到我的下半輩子。」我們可以用正念處理僵化的負面傾向。我們可以利用在練習中學到的技巧，注意它、指出它、觀察它、測驗它和驅逐它。

在持續做靜心練習時，每一節靜心都可能和上一節靜心大異其趣，就像我們這個月介紹過的每一種靜心都有所不同一樣。有些靜心感覺很棒，有些則很痛苦，彷彿所有的缺陷一股腦兒地全都被放大了。這些不一樣的經驗，組成了靜心過程的每一個部分。一節痛苦的靜心跟一節愉悅的靜心，同樣值得珍惜；痛苦的靜心或許更值得珍惜，因爲它蘊含了更多値得學習的教訓。我們可以用正念看待愉悅、悲傷或苦惱。其實發生了什麼事並不重要，改變我們跟正在發生之事的關係才是轉變的關鍵。

我最近跟精神科醫師暨作家馬克·愛普斯坦一起教學。他告訴班上學生，從他自一九七四年練習靜心冥想以來，每年都會盡量參加一次閉關。剛開始他帶著一本筆記本，記錄一些閉關時最強有力的洞見，以及老師最富啓發性、最有深度或是最具挑釁的言論。幾年前，他告訴我們，他決定要重讀這本筆記。他很驚訝地發現，年復一年，他記錄的差不多都是同一件事情，只不過說法不一樣罷了：「我們怎麼描述浮現在我們經驗中的事情，遠比事件本身來得重要。」

馬克的重要發現被換湯不換藥地重述了好幾次：「不論浮現出什麼東西，我們都可以學著用新的方式與它相處。」「我們有能力用正念和平衡，迎向任何想法和情緒。」「不管在我們體內翻騰的是多麼不愉快的情緒，我們都能夠放掉它。」重讀這些句子會讓你在一點都不想坐下練習靜心時，生起堅持下去的毅力與恆心。

據傳出自愛因斯坦的一句話是這麼說的，「我們不能用當初造成問題的那種想法來解決當下所面臨的問題。」也就是說，要改掉我們習慣性看待事情的方式，用一個嶄新的角度思考，並且以不同的方式反應，這樣做需要極大的勇氣。以下就是在你快失去勇氣時、當你感覺非常害怕（或是疲倦、或是無聊、或是膝蓋僵硬）時，幫助你撐下去的許多種方式。

重頭來過

如果你感覺自律性變差或是不夠全神貫注時，先不要苛責自己，要記住這是自然的現象。尋找最適合你的方式——讀激勵你的詩或散文，跟志同道合的朋友聊聊，找一群由靜心者組成的社群，不然也可以加入一個靜心團體，或者組成你自己的靜心團體。如果你沒有寫靜心日誌（請見96頁），請現在就開始寫。並且記住，不管你覺得情況有多糟，不管你已經有多久沒有靜心冥想了，**現在重頭開始都來得及**。沒什麼好損失的，也沒什麼會受到破壞。我們面前放著大好的時光，我們可以從現在開始。這本書中所介紹的靜心和附贈的線上音檔，是重頭開始的絕佳工具，它們的用意就是要讓人反覆閱讀和聆聽。不要把它們拋在一旁，不要對自己說，**我已經聽過了，我已經懂了**。頻頻地使用它們，會讓你一次又一次地受惠；它們是讓你練習的機會，每練習一次，你的印象就會更加深一點。每次再度使用其中的一種靜心冥想方式，都會有跟上一次不同的覺受。每天都運用這些靜心冥想，觀察你跟自己連結的一天與跟自己脫鉤的一天，有什麼不一樣的感覺。不管是順遂的生活或者難過的日子，都能夠讓我們學到很多。過了這一天之後，又是充滿期待和嶄新的一天。

「把身體放在那裡就好」

有一次，我對我的老師穆寧達吉抱怨說我沒辦法做到持續規律地練習。「當我坐在家裡冥想時，如果感覺很好，我會很雀躍，確信這是我生命中最重要的事情。」我說，「但是當我感覺很糟時，我會停下來，並且變得灰心和沮喪，接下來就放棄了。」當時他給了我很棒的建議。「只要把身體放在那裡就好。」他說，「你只要做到這件事就夠了——只要把身體放在那裡就好。你的心智無時無刻不在轉變，但是你只要把身體放在那裡就好。因爲這是給出承諾的表示，其他的東西接下來會自然而然地出現。」

我們當然應該評估這些練習，看看對我們有沒有用，值不值得繼續下去。但是我們不應該每五分鐘就評估一次，或是讓自己三不五時地離開那個過程。當我們評估靜心過程時，應該把重點放在正確的評定標準上：我的生命有沒有因此變得不同？我有沒有變得更平衡、更順暢？我有沒有變得更仁慈？這些都是關鍵問題。其餘的時間，只要把身體放在那裡就好了。

你也許會想，我很沒有自律精神，持續做一個練習對我來說太困難了。但是你眞的可以試著日復一日地把自己的身體放在那裡。我們對外在的事情，譬如賺錢維生、到學校接孩子放學、洗衣服等這樣的事情，通常都非常有紀律；我們在做這些事情時，並沒有想到我們喜不喜歡，那麼，我們爲什麼無法將相同的紀律（一天只要幾分鐘就好）導向我們內在的幸福呢？如果你可以召喚洗衣的能量，你也可以召喚能量給會帶來更快樂人生的「把身體放在那裡就好」。

別忘了改變需要時間

我們可以用這樣的方式來形容靜心：想像你試著用一把小斧頭劈開一大塊木頭，你砍了九十九次，木頭紋風不動，然後你再砍下第一百次，木頭應聲被劈開了。在砍下那第一百次之後，你也許覺得納悶，我那時有什麼不同嗎？我是不是用了不同的方式拿斧頭，還是我用不同的方式站立？為什麼第一百次就行得通，而其他九十九次都不行呢？

但是，當然，我們之前所累積的每一次削弱木頭纖維的努力，都是必要的。當我們在砍第三十四次和第三十五次時，似乎沒任何進展，我們感覺很無奈。但是除了用機械化的動作砍木頭並削弱它的纖維之外，我們眞的造成了改變。不過，眞正造成轉變的是我們願意繼續下去的意志，我們願意相信有改變的可能性，我們的耐心、努力、幽默，我們越來越強大的自我認知，以及我們持續下去所能獲得的力量，這些無形的元素是我們成功最重要的基石。在靜心練習當中，即使在我們覺得昏昏欲睡、坐立不安、無聊枯燥或是焦躁時，這些元素都在成長和加深。它們是讓我們隨著時間累積而轉變的特質；它們可以劈開木頭，劈開世界。

運用尋常的時刻

任何時刻，你都可以在別人無法察覺的狀況下，接觸到正念和慈愛的力量。你不必在某個大都市的街上痛苦萬分地慢慢走，驚動身邊的每個人（我奉勸你，千萬不要這麼做）。你可以用一個較不容易被發現的方式進行。

把注意力放在呼吸上，或者感覺你的雙腳踏在地上，譬如在會議上時、在講電話時、在遛狗時，這樣做會讓你對周遭發生的事情更有覺察力和更敏感。在一天當中花點時間靜一靜，放下橫衝直撞和勇往直前，單純地只是存在——以正念吃一頓飯，以正念餵寶寶，或是傾聽出現在你身邊的聲音。即使在痛苦的狀況下，這種停頓都可以帶來一種連結的感覺或是一種解脫，讓你不再執著於現在沒有的東西，或是執著於有一天會有人或事讓你得到快樂。

當我剛開始教授閉關時，必須一天上上下下好多段的階梯，於是我決定要用上下樓梯當作練習的一部分。每次我上下樓梯時，都會先停頓一下，提醒自己要聚精會神。這樣做既有效又有趣。我也決定在發現自己必須等候的時候，做慈愛練習，譬如在超市排隊等結帳時、在診所等醫生看診時、在等輪到我在會議上講話時。我將所有用在交通運輸上的時間都視為等待（當成要等候去下一個地方或是下一個事件）——在飛機上、在地鐵上、在巴士上、在汽車上，或是走在街上都一樣，我對自己說：**祝我安寧，祝我平安，祝我快樂**。

為什麼不善用這些「過渡」的時間，產生慈愛的力量呢？你可能會發現將靜心穿插在每日生活經驗當中，是把靜心練習帶入日常生活的絕佳方式。

確定練習有反映在你的生活上

許多年前，我和同事在內觀靜心協會接待一位來自印度的老師，並且陪伴他到美國各處走走，介紹他很多對靜心冥想饒富興趣的各個社群。在旅途的最後，我問他對美國有什麼感想。「美國當然是一個很棒的國家，」他說，「但是這裡的學生讓我想到一堆坐在船上很賣力地划船的人，可是他們卻不願意把船索從碼頭邊解開。」

「在我看來，」他繼續說，「這裡有些人希望透過靜心冥想獲得偉大的超覺經驗，或是驚人的意識轉換狀態；但他們卻沒有多大的興趣想想該如何對兒女說話，或是該如何對待他的鄰居。」

從我們做一件事情的態度，就可以看出我們做任何一件事情的態度。看我們在靜坐以外的生活是否跟我們靜坐的時候一致，是非常有用的一件事情。我們是否依照自己最深的價值觀來生活？我們是否找到眞正快樂的源頭？是否將正念、專注和慈愛的技巧貫徹到各方面的生活中？隨著經年累月的練習，這些東西會自然而然的發生，但是在此同時，我們也要觀察我們的生活跟靜心練習有沒有失調的地方？我們靜心時所抱持的價值觀，跟我們在這個世界上所抱持的價值觀之間，有沒有不連貫的地方？譬如我們消費的方式和我們對待某個人的方式，或者我們有沒有好好照顧自己？如果發現有失調之處，我們手邊已經有了修復它們、讓它們恢復平衡的工具。

常見問題 Q & A

Q 我們如何知道自己的靜心做得對不對？我何時才會看見自己的改變？

A 別忘了，靜心成功與否不在於累積了多少奇妙的經驗。你並不是在比賽你可以做幾次有意識的呼吸，而是在溫柔地轉化你的心智。如果你的思緒如脫韁野馬般地失去控制，就再重頭來過一次。你正在學習用另一種方式跟你的身體、情緒和想法相處。請記住，靜心的目的並不是想讓自己變得更精通靜心；靜心的目的是想讓生命變得更好。

這種轉化出現在你的日常生活中，可能會比出現在你的正式練習中還要明顯。事實上，別人也許比你還早發現到你開始轉變了。隨著時間的累積，你會發現自己已經把平衡和覺察帶進每一種經驗當中了。你最深遠的轉化將會是越來越強烈的認知到，你確實有能力愛自己和愛別人了。

Q 每當我有幾分鐘很清楚地專注在靜心上時，我會驚慌地想著，我完了！而且想要轉身逃跑。有時候我真的逃了。這樣是不是很奇怪？

A 很多人都有跟你同樣的感覺。他們散亂的能量被集中了起來，他們感覺到深深的寧靜、甚至極樂，這的確相當可怕。即使是最正面的心智狀態被放在不習慣的狀態下，都有可能會驚慌失措。

將害怕和沮喪帶入以擴大自己的覺察範圍，有很多方式。有的簡單到只是聆聽環境中自然浮現的聲音，便可以創造更多內在的空間以涵蓋沮喪；或是站起來做行走靜心，便可以產生能量來平衡讓你害怕的深度平靜；或是你可以做慈愛靜心，它也是一種擴大的練習。不管你採取什麼樣的行動，最好要做滿每一節你爲自己定下的靜心時間，而不是每當出現「我完了」的念頭就停下來。持之以恆地做完一整組練習是非常重要的，接下來你就可以輕鬆地處理能量了。

Q 維持每日的練習好像很困難。我該怎樣持之以恆呢？

A 如果要讓靜心成爲你人生的一部分和個人的一部分，就得每日練習。但是這樣做有其困難之處，你可能會覺得許下了太大的承諾。我的同事約瑟夫・葛斯坦曾經下定決心表示，除非他當天有花時間靜坐冥想，否則晚上就不上床睡覺。那是一個三十秒鐘的承諾。

我會建議這樣做：如果你在當天沒有正式做靜心，在就寢前，請坐下，並採取你通常靜心的姿勢。注意這樣做有沒有影響你的心智狀態，或者它用什麼方式影響你的心智狀態。當然，有時候採取靜心的姿勢會引導我們進入靜心狀態。最難搞的通常是開始，而不是開始後如何繼續。

如果你在就寢前做到了這個承諾，注意它是否影響了你的睡眠品質和夢境。我發現如果在就寢前靜心，我會睡得比較好，因爲我並沒有帶著白天雜亂無章的念頭入睡。

下這種決心並不需要說大話。「我每天都要靜坐兩小時，週末則要靜坐半小時。」這種承諾甚至要不了你五分鐘的時間，但即使最後它變成只有三十秒的承諾，至少你做了，而且產生了跟自身連結的感覺。

Q 我曾經做過靜心好多次，但我的決心只能撐一個星期。這次我該換個什麼樣的方式，才能讓我能更持久呢？

A 有時候，光是知道持之以恆地進行靜心練習有很大的難處，就已經大有幫助了。不過，有困難並不表示不可能。靠著看看你碰到哪些點最容易放棄，或許可以讓你從中學習到很多。對我來說，致命傷通常是自我批評和不耐煩，或者是當我靜坐並且進入越來越寧靜的狀態時，會有一種失掉昨日光環的感覺。後來，我想辦法讓自己看得更長遠，因此即使好像什麼都沒有發生，我卻可以看出每一次的練習都是這麼的重要和豐饒。

當我們在一九七六年創立內觀靜心協會時，我們在一個月內就接到兩封收件者的署名很不尋常的信。第一封是寫給署名「即刻靜心協會」（Instant Meditation Society），這讓我們產生一種奇妙的感覺，因爲在一個如此繁忙的世界，竟然有人把我們寫成這樣的名稱。另外一個是把我們寫成「後見之明靜心協會」（Hindsight Meditation Society），我們覺得這樣的稱呼也很有趣，因爲我們往往是在事後才知道自己付出的努力和承諾有多麼値得。

我發現，對我最有幫助的往往是將一次練習奉獻給另一個人，祝他幸福，這樣等於是爲我們兩人靜坐。我也許會選擇一個幫助過我的人，他碰到了麻煩或者過得很不順遂，或者他是一位政界人士，或是一位在世界舞台上的人。這樣的奉獻幫助我將自己的靜心練習看成不只是給我，也是給別人的禮物。就是這樣的想法，激勵我持之以恆地練習。請參考第83頁的例子。

Q 當你感覺靜心很枯燥時，該怎麼培養對它的興趣？

A 我覺得感到無聊是一種很棒的感覺，因爲這件事很有趣。無聊這種感覺是我們制約性的思考中想要避開的事情。整個社會的結構，從我們一出生那一刻直到死亡，似乎建立在努力避免無聊上。我們一旦感覺無聊，就覺得該去做點事情、買點東西，總之就是做任何事情來避免這種感覺。因此，如果讓我們光是坐著跟無聊面對面，並且注意它，會是多麼有趣的一件事情啊。

接下來，當我們觀察無聊的根源、並且對症下藥找出對抗方式時，就會出現其他的狀況。中性的經驗會讓我們感覺無聊。這也是制約反應的一部分——我們需要靠著劇烈的高低起伏來讓我們清醒過來。敞開心胸並且全心全意地投入那個不痛不癢的經驗中，需要花很大的力氣。謹慎且刻意地將調頻對準普通的經驗——一次呼吸，一個聲音——可以幫助我們面對中性的經驗。

無聊也可以是一種等待的型態。我們認爲現在發生的事情不夠好，因此在等著更重大的事情發生。解除這種狀況的方式是注意到這樣的狀況，並全心全意地投入當下——這一次的呼吸。除了這一次的呼吸，你不必關注其他的東西，但卻要全心全意地與這一次的呼吸同在。接下來則是再一次的呼吸。它們總是以這樣接二連三的方式聚攏在一起。

通常我們仰賴改變目標以排除無聊，可是問題往往不出在目標，而在於我們心不在焉。如果我們真的聚精會神，同樣的老目標（呼吸、我們的念頭和感覺、走路、吃一顆蘋果，或是洗碗）就不會是讓人感覺無聊的事情了。

Q 我的靜心練習似乎沒有進展，我覺得很煩惱。你有任何建議嗎？

A 某種程度的煩惱，其實是有幫助的，它可以變成一個良好的回饋系統，一種自我評估。通常我們對自己的練習已經做出了不管是有意識還是無意識的決定，我們已經決定了練習應該是什麼樣的，以致除了那個完美的典型之外，我們貶損或討厭任何其他的東西。我們評判我們的練習，或是評判自己。如果我們能發現到自己在做評判，就等於學到了有關我們自身的重要一課。

我們的練習變成我們的苦惱，這樣的感覺可以反映出我們在生活中對很多事情的習慣性反應，而不僅僅是靜心時而已。我在靜心時對膝蓋痛的反應告訴我，我通常會把身體或情緒上的痛苦看成是永遠不會改變的事實，並且感到無計可施。我在靜心時浮現出的憤怒告訴我，我是多麼害怕某種感覺，並且用否定的方式來呈現它們，而否定卻會讓它們變得更強大。我管不住脫韁野馬般的心智則告訴我，我是多麼愛自我評斷。學習如何重頭開始、如何對發生的任何事情敞開心房，以及用慈悲來取代批評自己則教導了我，我可以用另一種方式描述生命中的磨難。

我們都雀躍地期待靜心練習能達到我們理想中的境界。但重點不是在達到某個理想的典範，而是覺察我們所經驗到各種不同的靜心狀態。這是一個很難聽得進去的訊息，因此我們需要一聽再聽。

最後的省思

有一次我問一個朋友，自從他開始做靜心冥想之後，他的生命有什麼樣的改變。他毫不猶豫地說，以往不論有什麼樣的想法，都好像是在一個黑暗、封閉的小戲院中上演，舞台上的每一個動作彷彿都非常具有壓倒性和牢不可破。自從他開始練習靜心冥想之後，他說，他覺察自己心中上演的戲劇，現在更像是在看一齣在戶外演出的歌劇，他不再覺得自己被壓制，也不覺得這些東西堅不可摧和無法改變。

我非常知道他在說什麼。在這段談話之前，我才去新墨西哥州聖太非的一所戶外劇場，看了生平第一場歌劇。我可以看到舞台和廣大的天空。看到各個角色在極端複雜的情況和情緒下掙扎，背景則是廣大無垠的天空，這是一個絕妙的對比：不管這些行爲多麼戲劇化，甚至矯揉造作，舞台上發生多少的悲歡離合，它們都是在廣大無垠的空間中和無所不包的天空下發生。靜心練習就好比是擁抱像天空般廣大的視野，它讓我們的觀點擴大。我們或許不能改變生活的環境，但我們可以改變自己跟這些環境的關係。

靜心讓我們到對的地方找快樂。我們發現眞正的、持久的快樂，不在於暫時滿足我們的需求，因爲這樣反而會導致周而復始的失望和高漲的慾望：我們總是後來才發現，原本希望所寄之物不能帶來滿足，於是又再次陷入追尋更多一點什麼的囚牢之中。

傳統的快樂——短暫歡娛帶來的安慰——不僅是無常的，也可能是孤立的，是由恐懼的暗流所萌生出來的。即使當一切順遂的時候，我們還是會想嘮叨一下——我們認爲自己的幸福很脆弱、不穩定、需要保護。我們最可能採取的保護方式，就是冷漠地看待這個世界上的不幸和自己的不幸，因爲我們以爲慈悲的覺察會耗損或破壞脆弱的幸福。但是在這種小心翼翼的孤立狀態中，我們無法經歷眞正的快樂。唯有當我們認知到生命經驗具有各種不同的面向之後，才有可能眞正的快樂。

眞正的快樂端視我們如何運用專注力而定。當我們透過靜心冥想來訓練專注力時，我們跟自己連結，也跟自己眞實的經驗連結，緊接著是跟別人連結。這個全神貫注對待另一個人的簡單行動，就是愛的行動，它可以培養堅實可靠的幸福。它是一種不受限於任何特殊狀態下的快樂，一種可以禁得起改變的快樂。

規律地練習靜心冥想，我們可以發現單純、連結、全心全意所帶來的眞正快樂。我們培養出讓自己脫離不經思索和習慣性抗爭的能力。我們以正直爲榮，我們感覺住在自己的軀體裡，自己的心智和自己的生活是那麼的安逸自在。

我們看到我們眞的不假外求，就可以找到圓滿的感覺。我們每天都更爲靠近擷取自華茲華斯的這句可愛的引言：「藉由和諧的力量及愉悅的深沉力量而變得安靜的眼睛，讓我們看透世情。」

我往往會問我的學生，「如果你知道有一種簡單、安全的行動，一天做二十分鐘，就可以幫助一個有需要的朋友，你願不願意呢？」他們的答案都是當然願意，而且是滿腔熱忱，毫不遲疑。然而，花二十分鐘來幫助自己，似乎讓我們覺得不妥，我們會擔心自己是不是太驕縱、太自我中心了。但是幫助自己，就是幫助自己的朋友。

我們自身眞正的快樂是一方活泉，讓我們有能力源源不斷地給出去，就像一行禪師所說的，「快樂無所不在……請自取。」

致謝

這本書從起頭到完成，受到很多人的支援和鼓勵，我對他們致上最高的敬意。愛美・葛羅斯（Amy Gross）一直想要有一本這樣的書，所以鼓勵我寫出來；南西・莫瑞（Nancy Murray）把我引薦給 Workman 出版社，並且提醒我，我當初爲什麼想要寫書，以及接下來我該怎麼進行；蘇西・波洛婷（Suzie Bolotin）對我抱持高度的信心。

瑞秋・曼（Rachel Mann）核對研究報告；瓊・奧立佛（Joan Oliver）將我錄下來那糾結成一團的問題和答案，整理得有條有理；喬依・哈里斯（Joy Harris）一直給我高明的指點；愛比卡・庫伯（Ambika Cooper）則不斷地爲我伸出援手。

茱蒂絲・史東（Judith Stone）是這個計畫極其重要的一份子，她做了很多寶貴的工作；茹斯・蘇立文（Ruth Sullivan）則是最棒和最有耐心的編輯。

希望這本書對大家都有幫助，而且可以爲大家帶來快樂。

【附錄一】本書分章注釋

【作者序】靜心冥想的力量

第 18 頁

❶ P. M. Barnes et al. "Complementary and Alternative Medicine Use Among Adults and Children: United States, 2007," *National Health Statistics Reports,* No. 12 (Hyattsville MD: National Center for Health Statistics, 2008).

為什麼要靜心？

第 46 頁

❷ Quoted in Joan Halifax, *Being With Dying* (Boston: Shambhala, 2009).

且看靜心如何改變大腦運作

第 49 頁

❸ Sara Lazar et al. "Meditation Experience Is Associated with Increased Cortical Thickness," *NeuroReport* 16 (November 2005): 1893–97.

第 49 頁

❹ E. Luders et al. "The Underlying Anatomical Correlates of Long-term Meditation: Larger Hippocampal and Frontal Volumes of Gray Matter," *NeuroImage* 45:672–78.

第 50 頁

❺ Quoted in Mark Wheeler, "How to Build a Bigger Brain," UCLA Newsroom, http://www.newsroom.ucla.edu (accessed May 12, 2009).

❻ Britta Hölzel et al., "Stress Reduction Correlates with Structural Changes in the Amygdala," *Social Cognitive and Affective Neuroscience* 5, No. 1 (2010): 11–17.

第 51 頁

❼ Bonnie J. Horrigan and Richard Davidson, "Meditation and Neuroplasticity: Training Your Brain," *Explore* 1, No. 5 (2005): 383.

第 52 頁

❽ Sarah Lazar, in a personal conversation with the author, August 2010.

❾ Giuseppe Pagnoni et al., "Thinking About Not Thinking: Neural Correlates of Conceptual Processing During Zen Meditation," *PLoS One* 3, No. 9 (2008): e3083.

❿ A. Jha et al., "Mindfulness Training Modifies Subsystems of Attention," *Cognitive, Affective, & Behavioral Neuroscience* 7, No. 2:109–99.

第 53 頁

⓫ H. A. Slagter et al., "Mental Training Affects Distribution of Limited Brain Resources," *PLoS Biol.* 5, No. 6 (June 2007): e138.

第 54 頁

⓬ R. J. Davidson et al., "Alterations in Brain and Immune Function Produced by Mindfulness Meditation," *Psychosom Med* 65, No. 4 (2003): 564–70.

第 55 頁

⓭ The Association for Mindfulness Education, http://www.mindfuleducation.org/map.html.

⓮ L. Zylowska et al., "Mindfulness Meditation Training in Adults and Adolescents with ADHD: A Feasibility Study," *Journal of Attention Disorders,* OnlineFirst (November 19, 2007), doi:10.1177/1087054707308502, http://jad.sagepub.com/content/early/2007/11/19/1087054707308502.abstract.

⓯ Benedict Carey, "Lotus Therapy," *New York Times,* May 27, 2008.

第 56 頁

⓰ The National Institute of Health, http://projectreporter.nih.gov/reporter.cfm. To compile this information, I looked specifically at meditation research from each year's projects, over a ten-year period.

⓱ Noah Shachtman, "Army's New PTSD Treatments: Yoga, Reiki, 'Bioenergy'," *Wired,* March 25, 2008, http://www.wired.com/dangerroom/2008/03/army-bioenergy.

第一週
全神貫注：練習專注呼吸和重頭開始的藝術

第 63 頁

⑱ Alain de Botton, "On Distraction." http:// www.city-journal.org/2010/20_2_snd-concentration.html.

⑲ Linda Stone's official website, "Continuous Partial Attention," http://lindastone.net/qa/continuous-partial-attention.

第二週
正念和身體：放掉包袱

第 149 頁

⑳ Christopher A. Brown and Anthony K. P. Jones, "Meditation Experience Predicts Less Negative Appraisal of Pain: Electrophysiological Evidence for the Involvement of Anticipatory Neural Responses," *Pain* 150, No. 3 (2010), doi:, http://www.painjournalonline.com/article/S0304-3959(10)00223-X/abstract.

㉑ Quote from University of Manchester news release, June 2, 2010.

第三週
正念和情緒：處理想法和感覺

第 157 頁

㉒ Patricia Leigh Brown, "In the Classroom, a New Focus on Quieting the Mind," *New York Times*, June 16, 2007.

第 193 頁

㉓ W. Kuyken et al., "Mindfulness-Based Cognitive Therapy to Prevent Relapse in Recurrent Depression," *Journal of Consulting and Clinical Psychology* 76, No. 6 (2008): 966–78.

㉔ J. D. Teadale et al., "Prevention of Relapse/Recurrence in Major Depression by Mindfulness-based Cognitive Therapy," *Journal of Consulting and Clinical Psychology* 68 (2000): 615–23.

第四週
慈愛：培養慈悲心和獲得真正的快樂

第 249 頁

㉕ Researchers at the University of Wisconsin, “Regulation of the Neural Circuitry of Emotion by Compassion Meditation: Effects of Meditative Expertise, *PloS One* 3, No. 3, doi: 10.1371/journal.pone.0001897.

【附錄二】

靜心冥想練習線上音檔內容說明

本書隨附的靜心冥想練習線上音檔（見封面折口之QRcode），收錄了作者雪倫·薩爾茲堡親口錄製的冥想操導引練習。在閱讀本書的說明文字後，你不妨閉起眼睛來聆聽線上音檔，跟著雪倫老師的聲音，實際來做冥想操。這就像是雪倫老師為你開設專屬的一對一課程一樣。

你也可以在智慧型手機上收聽這些音檔，這樣就能不受場地限制、隨處練習，特別是在練習「行走靜心」的時候。音檔中，每一週都附有一個焦點練習，每一個焦點練習又依序包含：練習前的說明，和以清亮鐘聲起始的引導式靜心。這些引導式靜心，不是讓你拿來聽的，而是要讓你規律地實際練習用的。你的積極參與非常重要，請盡量跟著雪倫老師的聲音引導做練習，不論是呼吸靜心、行走靜心、覺察情緒的靜心或是慈愛靜心。

以下是線上音檔目錄，第1至9首由雪倫老師以英文親自解說引導；第10至18首爲中文翻譯，由台灣「華人正念減壓中心」創辦人胡君梅老師配音。

1	Breathing Meditation Introduction (2:50)
2	Breathing Meditation (14:28)
3	Alternate Breathing Meditation (1:22)
4	Walking Meditation Introduction (3:25)
5	Walking Meditation (11:05)
6	Meditation on Emotions Introduction (3:23)
7	Meditation on Emotions (12:39)
8	Lovingkindness Meditation Introduction (4:48)
9	Lovingkindness Meditation (15:04)
10	呼吸靜心簡介（2:55）
11	呼吸靜心（11:07）
12	替代呼吸靜心（1:14）
13	行走靜心簡介（2:53）
14	行走靜心（11:33）
15	情緒靜心簡介（2:48）
16	情緒靜心（12:07）
17	慈愛靜心簡介（4:10）
18	慈愛靜心（11:28）

國家圖書館出版品預行編目（CIP）資料

靜心冥想的練習【暢銷經典版】：28 天在家自修的正念課程（附冥想導引線上音檔）／雪倫．薩爾茲堡（Sharon Salzberg）著；李芸玫譯．-- 二版．-- 臺北市：橡實文化出版：大雁出版基地發行，2021.11
面；　公分
譯自：Real happiness : the power of meditation: a 28-day program
ISBN 978-986-5401-94-8（平裝）

1. 靈修

192.1　　110013532

BC1023R

靜心冥想的練習【暢銷經典版】：28天在家自修的正念課程
（附冥想導引線上音檔）

Real Happiness: The Power of Meditation A 28-Day Program

作　　者　雪倫．薩爾茲堡（Sharon Salzberg）
譯　　者　李芸玫
責任編輯　田哲榮
協力編輯　劉芸蓁
封面設計　小草

發 行 人　蘇拾平
總 編 輯　于芝峰
副總編輯　田哲榮
業務發行　王綬晨、邱紹溢、劉文雅
行銷企劃　陳詩婷
出　　版　橡實文化 ACORN Publishing
231030 新北市新店區北新路三段 207-3 號 5 樓
電話：（02）8913-1005　傳眞：（02）8913-1056
網址：www.acornbooks.com.tw
E-mail 信箱：acorn@andbooks.com.tw
發　　行　大雁出版基地
231030 新北市新店區北新路三段 207-3 號 5 樓
電話：（02）8913-1005　傳眞：（02）8913-1056
讀者服務信箱：andbooks@andbooks.com.tw
劃撥帳號：19983379　戶名：大雁文化事業股份有限公司

印　　刷　中原造像股份有限公司
二版一刷　2021 年 11 月
二版四刷　2023 年 12 月
定　　價　420 元
I S B N　978-986-5401-94-8

＊原書名：靜心冥想的練習：28 天在家自修的正念課程